김광진의
기회도시 광주 사용법

김광진의 기회도시 광주 사용법

지은이 김광진
펴낸이 임상진
펴낸곳 (주)넥서스

초판 1쇄 발행 2024년 1월 10일
초판 2쇄 발행 2024년 1월 15일

출판신고 1992년 4월 3일 제311-2002-2호
주소 10880 경기도 파주시 지목로 5
전화 (02)330-5500 팩스 (02)330-5555

ISBN 979-11-6683-778-4 03340

www.nexusbook.com
지식의숲은 (주)넥서스의 인문교양 브랜드입니다.

김광진의
기회도시
광주 사용법

김광진 지음

지식의숲

추천의 글

　책은 한 사람의 생각과 경험, 그리고 삶의 흔적이 담긴 자기소개입니다. 저도 《김광진의 기회도시 광주 사용법》을 읽으면서, 가슴이 따뜻한 원칙주의자 김광진을 더욱 잘 이해하게 되었고, 그가 꿈꾸는 새로운 길을 만나는 즐거움도 누렸습니다.

　사람도 도시도 조금만 관심을 기울이면 숨은 매력을 찾을 수 있습니다. 우리 광주도 눈여겨보면 수많은 스토리가 있는데, 우리 스스로 그 빛나는 보물들을 보지 못하고 지나치는 건 아닌지 안타까울 때가 많습니다. 새로운 스토리를 만드는 일만큼 중요한 것이 이미 가지고 있는 스토리를 발굴하고 찾아내는 일입니다.

　여러분도 이 책을 통해서 광주와 아울러 광주를 사랑하는 저자 김광진의 숨은 매력을 발견하시기를 바랍니다.

2023년 12월
광주광역시장 강기정

여는 글

우윤근 선배가 주(駐)러시아 대사로 있을 때 모스크바에 방문한 적이 있었습니다. 그때 큰 나라를 상대할 때 지켜야 할 원칙이라며 네 가지 단어를 말씀해 주셨습니다. '오랫동안', '정직하고', '일관되며', '용기 있게'. 참 쉬운 말인데 하나하나가 어려운 말이었습니다.

국회의원 4년, 청와대 비서관을 비롯한 고위 공무원으로 3년, 광주광역시 부시장으로 1년 반……. 지난 10년간 하루도 쉬지 않고 앞만 보고 달렸습니다. 좋은 사람이 되는 것보다 중요한 건 좋은 세상이 되는 것이라는 생각에, 김광진이라는 개인의 평판보다 부여된 권한으로 만들어 가는 세상에 집중한 시간이었습니다.

넷플릭스 드라마 〈DP〉에는 바뀌지 않는 수통이 대한민국 군대의 상징으로 등장합니다. 아마도 작가는 2015년 이후에 김광진 의원을 통해서 그 수통이 다 바뀌었다는 사실을 몰랐거나, 드라마의 배경을 2015년 이전으로 설정했을 것입니다. 수십 년간 바뀌지 않던 어떤 것! 그것은 단돈 만 원짜리 수통일 수도 있고, 수천억의 민간 투자가 필요한 복합 쇼핑몰일 수도 있고, 100만 평 규모의 미래차 국가산단에 세상에 없던 자율주행 산단을 만드는 청사진을 그리는 것일 수도 있습니다. 안 되는 일도, 불가능한 일도 세상에는 없습니다. 그저 새로운 시도를 두려워하는 것이고, 상상의 힘이 부족할 뿐이지요.

　필리버스터(filibuster)의 첫 주자로 본회의장에 올라설 때도 그랬습니다. 1964년 고(故) 김대중 전(前) 대통령의 필리버스터 이후로 무려 52년 만에 처음으로 그 제도를 활용한 사건이었습니다. 국회의장을 포함한 현직 정치인 누구도 직접 본 적도, 들은 적도 없는 필리버스터의 첫 주자로 36살 청년 정치인이 나섰을 때 많은 사람이 염려했고, 정치 공학적 계산을 잘한다는 분들은 실패할 것이라 주장했고, 또 몇몇은 치기 어린 도전이라 폄하했습니다. 그러나 국민들은 그 도전과 용기를 사랑해 주셨고, 그 진정성이 기대하던 정치의 모습이라며 칭찬해 주셨지요. 민심의 주변부를 잡을 때는 선거 공학의 주판알이 잘 맞기도 하지만, 민심의 중심을 잡아야 할 때는 선거 공학으로 계산되지 않더군요. '국민이 항상 옳지는 않지만, 마지막에는 옳다.'라는 고(故) 김대중 전(前) 대통령의 말씀이 그런 뜻이라 생각합니다.

　이권에 흔들리지 않고 원칙에 벗어나지 않고 관습에 타협하지 않으려 노력해 왔고, 누가 뭐라고 해도 옳다고 믿는 일을 행하는 모습을 증명하고 있노라 자부했습니다. 그러다 보니 칭찬보다는 욕이 많고, 지지자보단 반대자가 많았습니다. 왜 해 줄 수 있는 걸 적당히 해 주지 않느냐고, 수년간 해 오던 사업을 왜 원점에서 검토해서 못하게 하느냐고, 관례상 우리 단체 몫인 걸 왜 트집 잡느냐고 합니다. 그러면서 정치인이 표를 얻으려면 그러면 안 된다거나, 심지어는 자기와 반대되는 사람 쪽의 청탁을 받아서 그런다는 말을 수십 년간 무슨 무슨 운동을 했다는 분들도 서슴없이 하곤 합니다.

가랑비에도 옷은 젖고, 잔돌도 자주 맞으면 아픈 법입니다. 그럼에도 버틸 수 있는 건, 욕하고 반대하는 '집단화된 여론층'의 반대편에는 이해관계에 흔들리지 말고 원칙 있는 승리를 해 달라는 '침묵하는 다수'의 시민이 있을 것이라는 생각 때문입니다. 하루하루 '이렇게까지 해야 하나?' 생각하기도 하지만 '이렇게까지 해 보라고' 이 자리를 국민이, 시민이 위임했다고 여기며 새로운 아침을 맞이합니다.

국회의원 시절 썼던 책 《7분의 전투》에 이어서 두 번째 책을 냅니다. 머릿속에 담긴 생각과 고민은 이 책에 담긴 것보다 훨씬 더 많은데 부시장의 직분을 하면서 퇴근 후에 짬을 내어 쓰다 보니 다 담아내지 못한 듯해서 아쉬움이 남습니다. 첫 책은 국회의원 시절에, 두 번째 책은 광주광역시 부시장 시절에 쓰다 보니 청와대 시절의 이야기를 제대로 기록으로 남기지 못한 아쉬움도 있습니다. 기회가 되면 청와대 생활을 중심으로 하여, 정치를 지망하는 후배들에게 국회와 중앙정부, 그리고 지방정부의 핵심에서 두루 경험하며 얻은 노하우를 전해 주는 '정치 매뉴얼 북'을 한 권 써 봐야지 싶기도 합니다.

이해인 수녀의 글 중에 〈종이에 손을 베고〉라는 시가 있습니다. 가벼운 종이 한 장도 조심조심 무겁게 다루겠다는 시구가 마음에 와닿습니다. 세상에 그 무엇도 실상 가벼운 것은 없다고 생각하고 또 생각하면서, 내가 생각 없이 내뱉은 가벼운 말들이 남을 피 흘리게 한 일은 없었는지 반성하고 또 반성하면서, 2023년 올해가 가기 전에 저로 인해 마음을 베인 모든 분께 용서를 구합니다.

2023년 12월

김광진

차례

PART 1 길 위에서 **길을 묻다**

 여의도 에세이

길 위에서
길을 묻다

1장

여의도
에세이

초선이 국방위를?

19대 국회 기간 내내 국방위 활동.

"초선이 어떻게 그리 좋은 상임위에 갔습니까?"

모르시는 말씀…
국방위는 비인기 상임위.

1지망 교문위는 낙동강 오리알
별생각 없이 쓴 2지망 국방위 배정!

그.런.데.
경쟁 의원들이 다들 정책 질의에 큰 관심이 없으니
조금만 노력해 발언해도 팡팡 튀는 블루오션이었다!

2년 후 법사위 배정.
문재인 의원님이 "나랑 국방위 합시다."
다시 국방위로…

국방위 4년, 정보위 2년을 하다 보니

늘 만나는 사람이 군인과 요원들뿐…

다시 국회로 간다면

이제 나도 민간인을 만나고 싶다. ^^

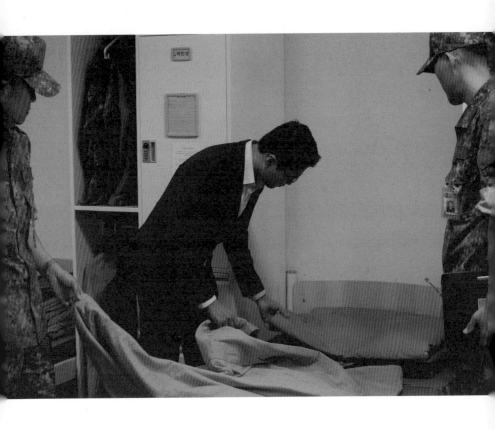

"의원님, 밥이 부족합니다!"

격오지에 있는 해병대를 방문했다.

한 병사의 첫 마디

"밥이 부족합니다!"

"......?"

내 귀를 의심했다.

'지금 이곳이

2015년 대한민국 해병대가 맞나?'

이후, 장병들의 식판과 모포를 주의 깊게 봤다.

그들의 말과 표정을 더 유심히 살폈다.

대한민국 국민은 누구나

군인이거나, 군인이었거나, 군인의 가족이니까.

백선엽은 민족 반역자

백선엽 전(前) 장군

공(功)… 6·25 전쟁에서 큰 업적을 세운 **'전쟁 영웅'**

과(過)… 일제강점기 간도특설대에 들어가

　　　　독립운동가 탄압에 앞장선 **'친일 반민족 행위자'**

친일 행적에 **반성 없는 백선엽** 전 장군은

각종 특혜와 예우 속에 살고….

2012년, **국방부**는 6억 원의 예산을 들여

전쟁 영웅 **백선엽을 미화하는 뮤지컬을 제작키로….**

기자회견 개최…"백선엽 미화 뮤지컬 제작 반대한다!"

국정감사…"국가 예산 6억 원을 철회하시오."

우리가 일제로부터 해방될 수 있었던 것은

수많은 독립운동가의 값진 희생 덕분이다.

친일파를 청산하지 못한 과오로

지금도 여전히 친일파가 득세하고 있다.

끊임없이 잘못된 과거가 반복되고 있다.

언제까지 이래야 할까?

정의력 있는 세상

정치인 김광진의 소망은
"국립국어원이 올해의 신조어로 '정의력(正義力)' 등재"
이런 신문 기사를 보고 싶다.

세상에는 많은 힘이 있다.
능력, 노력, 실력, 협력,
무력, 권력, 폭력, 재력….

'주먹도, 돈도 힘이 있는데 정의는 힘이 없나?
왜 정의력이란 말은 없지?'

우리 사회는 그동안 강한 것이 옳은 것을 이겨 왔다.
이제는 옳은 것이 강한 것을 이기는 사회를 만들고 싶다.
정의력 있는 세상!
내가 이루고 싶은 세상이다.

6·25 이후 한 번도 바뀌지 않은 수통

국방위를 4년 하면서 국방과 관련된 많은 일을 했는데
국민은 '김광진' 하면 '수통'을 떠올립니다.

수천억 원의 무기가 아니라
만 원도 안 되는 '수통'을 기억합니다.
6·25 전쟁 때 쓰던 수십 년 된 수통을
21세기 대한민국 군인들이 사용하고 있었습니다.
낡은 수통에서 세균이 다량 검출됐습니다.

비상식적인 이 상황을 해결해 준
정치인, 군인이 단 한 명도 없었습니다.
수통은 바뀌지 않는 군대의 '상징'이 되어 버렸습니다.

'왜 이런 것 하나 고쳐 주는 사람이 없지?'
국민 모두가 이런 의문을 가질 때,
"그런 사람 여기 한 명 있습니다!"

김광진은 그런 정치인이 되렵니다.

수통을 바꾼 것처럼요.

황교안 총리 "의장이 누구입니까?"

박근혜 정부 시절,

IS의 테러를 대비하기 위해

'테러방지법'을 추진하겠다고 했다.

[국회 대정부 질문]

김광진 의원	우리나라는 1982년부터 '국가테러대책회의'라고 하는 기구가 있는데 그 기구 의장이 누군지 아십니까?
황교안 국무총리	정확하게 모르겠습니다. 확인해 보겠습니다.
김광진 의원	의장이 바로 국무총리입니다!
황교안 국무총리	…….

6개월에 1번씩 의무적으로 열어야 하는 '국가테러대책회의'를

박근혜 정부 시절에는 단 한 번도 연 적이 없었다.

총리는 자신이 회의의 의장인지조차 몰랐다.

있는 기구도 쓰지 않으면서 테러방지법을 왜 만들겠다고 했을까?

국민을 도청, 감청할 수 있는 권한을 왜 달라고 했을까?

힘내라 김광진! 100만의 응원

2016년,
악법인 테러방지법을 막기 위해
민주당은 필리버스터(filibuster)를 감행했다.

대한민국 국회에서 필리버스터가 발동된 적이 딱 한 번!
1964년 민주당 초선 의원이었던 고(故) 김대중 대통령이
5시간 19분 발언한 것이 유일했다.
19대 국회의원들은 아무도 본 적도, 해 본 적도 없는 필리버스터.
하지만 악법을 막기 위해 **나는 필리버스터 첫 주자로 나섰다.**

6월 23일 오후 7시 5분 ~ 24일 오전 0시 30분
5시간 33분간 발언
필리버스터 최장 기록 경신.

그 시간,
100만 네티즌은 '김광진 힘내라' 실시간 검색어를 만들어 응원!
그 뜨거운 응원 속에 민주당 국회의원 38명은

9일간 총 192시간 27분의 필리버스터를 하며 악법을 막아 냈다.

국민과 함께 이룬 쾌거였다.

두 남자의 아름다운 작별 인사

2016년 5월 3일,
국회 국방 위원회 전체 회의.
19대 국회 임기를 끝내는 마지막 회의에 참가했다.

김광진 의원   국방위만 4년을 쭉 했는데 많이 도와주셔서 알찬 의정 활
동을 했던 것 같습니다. 장관님과 군인분들께 깊이 감사드
립니다. 제 성격이 부드럽지 않아서 저 때문에 마음이 상
하신 분도 계셨을지 모르겠습니다. 널리 이해해 주시고 사
과를 받아 주시면 감사하겠습니다.

한민구 국방부 장관   존경하는 김광진 의원님께서 국방 위원회에서 활동하시면
서 특히, 젊은 장병들의 사기, 복지 문제에 각별한 관심을
가지고 국방부의 발전을 위해 지원해 주신 점에 대해 장관
으로서 감사하게 생각합니다.

날카로운 나의 질문에 곤혹스러웠던 적이 한두 번이 아니었을 텐데 **마지막에 나를 인정해 주신 한민구 장관님께 고마웠다.**
늘 지적하는 내 마음도 편치 않았는데 큰 위로가 되었다.

한민구 장관님과의 아름다운 작별 인사.
덕분에 나는 욕먹는 게 두렵지 않은 정치인으로 성장할 수 있었다.

욕먹는 정치인이 되더라도

세월호 국정 조사 청문회의 증인 채택을 놓고
민주당… "5명이 나와야 한다."
국민의힘… "3명 정도면 어떨까요?"
여야 협상 파행!
청문회는 단 하루도 열리지 않았다.

사실, 5명이든 3명이든 크게 상관없었다.
주위의 비판이 두려웠던 것.
'민주당 의원들이 국민의힘과 짬짜미해서 적당히 합의했대.'
소신을 지키는 정치인이라는 명분 뒤에는
국민보다 자신을 지키기 위한 비루함이….

다시 그때로 돌아간다면
나는 협상을 택할까? 파행을 택할까?

욕을 먹더라도 **협상을 택하겠다.**
뭇매를 맞더라도 국민을 위해….

상임위에 다시 간다면

다시 국회의원이 된다면
가고 싶은 상임위는

외치(外治)를 거의 다 볼 수 있는 **외통위**.
이곳에서 그랜드슬램을 달성해 보고 싶다.

숫자로 보는 국정을 경험할 수 있는 **기재위, 정무위**.
이곳에서도 일해 보고 싶다.

이것저것 따지지 않는 **문체위**.
일 자체가 펀(fun)할 것 같아 가고 싶다.

이제 나도 젖과 꿀이 흐르는 상임위로 가고 싶어요. ^^
이 바람이 현실이 될 수 있길….

김광진에 대한 오해와 진실

김광진은 **운동권?**

  대변인?

  청년위원장?

내 주장이 강해서 운동권 출신처럼 보이나요?
대학생 때 학생회 활동 안 해 본 **비(非)운동권**입니다.

방송에 자주 나와 말을 곧잘 하니 대변인처럼 보인다고요?
특정 계파에 속하지 않아 **부대변인 한 번 못 해 봤습니다.** ㅜㅜ

청년 정치인의 대표 주자라 **'청년위원장'** 출신 아니냐고요?
2015년 출마했으나 아쉽게 **낙선했습니다.** ㅜㅜ

사이버 테러

'북한의 조커 김X진'
빨갛게 찢어진 조커 입에 내 사진을 합성해 유포.

'미친 친북주의자'
천정배, 이종걸, 강기갑 의원 등을
김정일의 하수인으로 표현한 이미지 유포.

손학규, 정동영, 김진표, 천정배, 유시민 의원을
'한ー미 FTA 말 바꾸기 5인방'으로 규정한 동영상 유포.

2010년대 초반,
국방부의 사이버 사령부, 국정원의 댓글 부대가
야당 의원들과 언론, 시민단체를 공격했다.
사이버 전쟁에 대응해야 할 사이버 사령부가
무고한 국회의원과 시민을 향해 사이버 테러를 자행한 것이다.

이미지를 먹고 사는 정치인의 이미지를 훼손한 국방부와 국정원은
아직까지 사과 한마디 한 적이 없다.

국회의원 연금법 폐지

국회의원을 1년만 해도
월 120만 원씩 평생 연금을 지급하는 **국회의원 연금법.**

19대 국회 때, 제1호 법안으로 발의해 폐지되었다.
그럼에도 폐지되었는지 모르는 분이 많다.

국민의 대표인 **국회의원의 특권은** 강화되어야 한다.
대신, 그 특권은 시민을 대신해 묻고,
시민을 대신해 정부를 견제하기 위한 권한이어야 한다.

국회의원 자신의 품위 유지, 경제적 이익을 위한 특권이어서는 안 된다.

따뜻한 가슴, 큰 어깨

경선 패배 후,
국회의원 임기가 얼마 남지 않은 어느 날.
우연찮게 길에서 **문재인 의원님을 만났다.**

갑자기 와락 껴안아 주셨다.
힘내라는 말도, 안타깝다는 말도 없이
그저 한동안 꼭 안아 주시더니
눈웃음 한 번 짓고 가던 길을 걸으셨다.

말하지 않아도 느껴지는 그 마음.
지금도 잊히지 않는다.

문재인이라는 거인이 어깨를 빌려주지 않았다면,
그 어깨 위에 올라탈 수 있게 해 주지 않았다면,
지금의 나는 없었을지 모른다.
짧은 시간에 많은 걸 경험하고
값진 이력을 쌓을 수 없었을지 모른다.
그가 내어 준 따뜻한 가슴과 넓은 어깨에
언제나 감사하다.

2장

청와대
에세이

제1회 청년의 날과 최애 사진

건국 이래 '청년' 직함이 들어간
최초의 1급 고위 공무원 '대통령비서실 청년 비서관'

청년이 직접 날짜까지 정하고
청년기본법에 따라 최초로 지정된 **제1회 청년의 날**

초대 청년 비서관이 되어
준비하는 첫 번째 행사일!

처음 맞는 뜻깊은 날
최고의 셀럽을 모셔야지.

문재인 대통령과 BTS라는 두 셀럽을
한 화면에 찍기도 어려울 텐데
그 사진에 내 얼굴이 끼어 있을 수 있다니….

처음이라 설레었던 **제1회 청년의 날**.

청와대 **최고의 비경(秘境)**, 녹지원에서

가장 핫한 **최고의 두 셀럽**과 함께

내 인생 **최고의 사진**을 얻었다.

의전 서열 1위 정무 비서관

청와대 전체 비서관 중
의전 서열 1위인 정무 비서관.

어떻게 37살의 청년에게 선임 비서관을?

정무 비서관 인사 발표가 나자마자
붙는 여러 물음표 중 하나.

국방 비서관은 국방부, 문화 비서관은 문화부…
청와대 다른 비서관은 저마다 담당하는 정부 부처가 있고
업무 분장도 명확한데
정무 비서관은 소관 부서가 없다. 모든 부서가 소관이다.

법적으로도 안 되고, 도덕적으로도 잘 안 풀리는 일을
어떻게든 되게 하는 사람… 정무 비서관.

사람과 사람 사이의 관계를 통해서,
어떨 때는 위임받은 권한으로,

또 어떨 때는 읍소하면서,

어떤 방식을 통해서든 풀어내야 한다.

정무적으로 해결하다 보니

문제 해결도 **무적**이 되어 간다.

유일하게 소송 한 번 안 걸리고

임기를 마친 **최장수 정무 비서관**이 되었다.

"대통령님, 사표 쓰겠습니다."

청와대 근무 딱 1년,
정무 비서관 임기를 마치자마자
사직서를 썼다.

매일 아침 6시 출근인데
퇴근 시간은 고무줄…
일을 마칠 때까지 늘어진다.

청와대의 업무 강도는 정부 조직 내에서 거의 톱을 달린다.
"야간의 주간화, 주말의 평일화, 가정의 초토화"
그냥 생긴 말이 아니었다.

청와대 근무자의 가장 대표적인 직업병은 치주 질환!
청와대 근무하며 임플란트는 필수.
보상은 뽑은 치아 개수와 치아 손상!

문재인 대통령님도 참여정부 초대 민정수석을 지내며
뽑은 치아만 10개,

젊은 축에 속하는 임종석 전 비서실장님마저
재직 기간에 치아를 6개나 뽑았다는데….

에둘러 사의를 표했다.
"대통령 소속 위원회와 청와대에서 근무해 봤으니
정식 정부 부처에서 한번 일해 보고 싶습니다."

하지만 대통령님은 **사표 수리 대신** 그간 없던
청년 비서관 자리를 신설하고 임명하셨다! (또르르)

그때의 대화를 더 남겨 두고 싶지만
대통령님과의 대화는 예의상 비공개 처리하는 걸로….

문 대통령님은 식(植)집사!

대통령님은 식물을 참 좋아하신다.
나무와 꽃들에 대해서도 잘 아시고,
그 식물들을 알려 주는 것도 즐기신다.

남들에게 자기 자랑하는 일이 없는 분이신데
식(植)집사의 자부심은 은근히 강하시던 대통령님.

나 또한 대학 전공이 조경학인 농학사로서
식물이라면 웬만한 사람보다 많이 알고 있다고 자부하는지라,

어느 날 대통령님과 청와대 산책 중
식집사 간의 미니 자부심 대결…
대통령님의 선제 공격.
"김 비서관, 이건 뭔지 알아요?"
"메밀입니다."
"……"

몇 초간 침묵과 함께 대통령님의 소처럼 큰 눈망울이 흔들렸다.

"이건 언제 수확하죠?"

"……"

이번에는 내가 말문이 막혔다.

그제야 **대통령님이 해맑은 미소로** 설명하셨다.

소소한 **대통령님의 식집사 부심은 지켜 드리자.**

이날의 뒤늦은 반성이었다.

청와대의 삼락(三樂)

청와대에는 세 가지 즐거움이 있다.

이름하여 **청와대 삼락(三樂)**!

일락(一樂)   청와대 뒷산

서울 도시 한복판에서 자연이 가장 잘 보호돼 있는 곳.

점심 식사 후 40분 산책 코스로 제격!

청와대 직원만이 누릴 수 있는 호사.

이락(二樂)   청와대 식당

아침, 저녁은 무료.

점심은 저렴. 4천 원!

맛? 두말하면 잔소리죠.

삼락(三樂)   청와대 수영장과 헬스

경호처 직원들을 위한 공간.

경호처 외의 직원은 그들 근무 전에 사용 가능.

나는 삼락(三樂)을 제대로 즐겨 본 적이 없다.

일의 숲에 빠져,

일에 배불러,

일 속에서 수영하느라….

PART 1 길 위에서 길을 묻다

청와대 이쑤시개

문재인 대통령님과 점심 식사 중
갑자기 떠오른 친구의 부탁.
"광진아, 청와대 이쑤시개에는 청와대 로고가 박혀 있어?"
"응."
"그거 몇 개만 갖다주라."
"뭐 하게?"
"기념으로 갖고 있게. ^^"

식사를 끝낸 후
이쑤시개 몇 개를 주머니에 쓰윽…
'○○아, 기다려. ㅋㅋ'

그 뒤로 **최고의 인기템**이 된 청와대 이쑤시개!

이런 청탁밖에 할 줄 모르는 내 친구들이
나는 참 좋다!

아기 상어의 꿈

전주의 사회혁신센터 개소식에 축사하러 갔다가
응원의 한마디를 남겨 달라는 종이를 전달받고는
'아기 상어의 꿈이 이루어지는 센터가 되세요.'라고 적었다.

그 무렵에 읽었던 책 내용이 인상 깊어서였다.
어느 도시에는 **원형의 유리 어항에**
금붕어를 키울 수 없다는 법이 있단다.
원형의 유리 어항은 볼록렌즈처럼 빛을 굴절시키기 때문에
금붕어가 정신착란을 일으킬 수 있어 사용을 중지시킨다고.

그런 것까지 신경 쓰는 법을 만드나 싶다가,
그런 것까지 신경 쓰는 사람들이라면
사람을 위한 법은 얼마나 성의 있게 만들었을까 싶었다.

아기 상어의 꿈이 이루어지는 혁신센터라면
시민의 꿈은 얼마나 잘 이루어질까!

크리스마스 아담일

대통령님과 찍힌 사진 중 가장 많이 회자된 사진은
후보 시절 **청운동 집에서 소주 한잔 같이 하면서 찍힌 사진이다.**

크리스마스를 이틀 남긴 **크리스마스 아담일.**
(하루 전날이 이브니, 이틀 전을 아담일이라고 칭했다.)
홍대에서 선거운동이 있었다.
그날 얼마나 추웠는지 입이 얼어서
'같이 싸워 나갑시다.'라는 말이 '같이 사우나 갑시다.'로 들릴 정도.

일정을 모두 마치고 집에 가서 저녁을 같이 하자고 하셔서
문재인 후보, 탁현민 피디 그리고 나 이렇게 셋이 소주 한잔을 했다.
정확히는 여사님도 계셨으니 넷이 한잔.

양산 집에서, 청운동 집에서, 대통령 관저에서
세 곳의 살림집에서 대통령님과 술 한잔한 몇 안 되는 사람일 듯….

3장

광주
에세이

천 년의 시간, 천만분의 일 초

박노해 시인의 《사랑의 첫 느낌 그 설레임으로 살고 싶다》라는
책의 제목처럼
광주시와의 첫 느낌, 그 설렘이 잊히지 않는다.

광주광역시 문화경제부시장 취임식.
웬만해서는 발표나 연설을 할 때 적어 온 글을 보면서 읽지 않는데
왠지 이 취임사는 밤새 한 문장 한 문장을 고치고 고쳐서 쓴 것이라
적은 그대로 읽고 싶어서 원고를 손에 들고 읽어 내려갔다.

천 년의 시간이라는 문화와
천만분의 일 초를 다투는 경제
그 두 축을 동시에 해결해야 하는 문화경제부시장으로서의 책무.

지난 1년 반을 돌아보면 아쉬움도 있지만
그래도 하루하루 허투루 쓰지 않고
최선을 다했던 시간이라고 자부한다.

성공 신화의 돌풍, 광주FC

경기 관중은 평균 천 명 이내,

팀은 2부 리그인 K2,

사무국은 끊임없는 불화와 감사 지적,

대표 이사의 공백 상태…

"광주FC, 이게 최선입니까?"

첫 현황 보고에 한숨뿐.

.

.

.

1년 후, 지금은?

평균 6천 명의 유료 관중,

K1 리그 승격 후 그해 바로 3위,

아시아챔피언스리그 출전권 획득,

사무국의 안정화,

사재 털어 FC를 지원하는 대표 이사까지…

무엇 하나 **흠잡을 곳 없는 팀으로 변모!**

메인 스폰서가 없는 시민 구단의

작은 예산과 열악한 훈련 시설은 아직도 안습.

연일 성공 신화를 써 나가는 광주FC…

우리의 경기력으로 더 좋은 후원사를 찾을 수 있기를!

광주 시민이 사랑하는 시민 구단 **광주FC의 아챔 우승을 기원합니다!**

취향 저격 광주 김치

연말, 김장 나눔 봉사를 하다 보면 자주 듣는 칭찬.
"젊은 분이 보기보다 김치를 아주 야무지게 담그시네요."

정치인의 삶을 살아온 지 10여 년…
어느새 김장 달인이 되었다.
'아마 제가 담근 배추 포기 수가
어머님이 평생 담그신 김장 김치보다 많을걸요.'
속으로 웃다가 문득 든 생각.

김치를 받는 저소득층도 취향이 있고,
밥상에 꼭 배추김치만 올리는 것도 아닐 텐데
왜 겨울에만 김치 나눔 행사를 하지?

이제는 광주의 김치 명인이 담근
계절별 김치 나눔 행사로 바꿨다.
열무김치도, 겉절이도, 고들빼기도…
취향대로 골라 드세요!

AI 선도 도시 광주, CES에서 미래를

전 세계의 새로운 기술 제품들이 한자리에 모이는 곳,
예정된 미래, 다가올 현실을 눈으로 확인해 볼 수 있는 곳,
미국에서 매년 1월 열리는 CES(세계 가전 전시회)!

광주시라는 이름이 생기고
처음으로 CES 2023에 광주관을 설치했다.

각국에서 온 바이어와 전문가들이
'made in Gwangju' 제품에 보내는 뜨거운 반응.
덩달아 내 가슴도 후끈!

CES에 첫발을 내디뎠으니
CES 혁신상도 노려 보자.

광주의 가전제품과 AI 제품들이
세계 가전 시장을 **휩쓸게 될 날**을 기대한다.

삶을 디자인하는 도시

광주에는 30년을 맞는 '아트비엔날레'와 함께
20년의 역사를 가진 '디자인비엔날레'가 있다.

'디자인비엔날레'라는 명칭을 쓸 수 있는 행사는
대한민국에서 광주가 유일.

긴 전시회 개최 역사만큼
시민의 일상에 디자인적 요소가 가득한가?

버스 정류장 하나, 도롯가의 쓰레기통 하나, 공원의 벤치 하나도
공간과 인구 특성을 반영해 특색화하고 맞춤화하는
공공 디자인의 도시로 거듭나야 한다.

일상과 괴리되어 있는 디자인이 아니라
시민의 삶과 함께 살아 숨 쉬는 디자인 도시 광주!

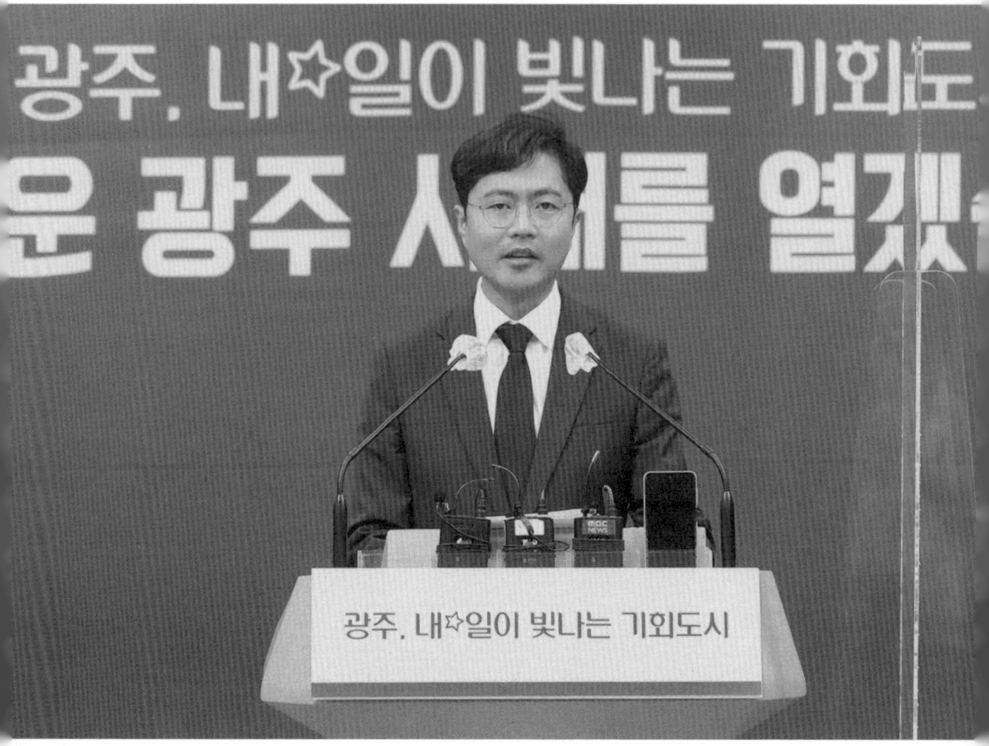
광주, 내☆일이 빛나는 기회도
운 광주 시 를 열겠
광주, 내☆일이 빛나는 기회도시

광주에만 없는 20가지

'광주에 없는 것 20가지'라는 글이 인터넷에 있다.
인구 145만 대도시에 유일하게 없거나 사라진 시설 목록.
복합 쇼핑몰, 면세점, 워터파크, 스타벅스 리저브, 운전면허시험장 등등.

그중 시민이 가장 관심 있는 것은 단연 복합 쇼핑몰.
심지어는 대통령 선거에 지역 공약으로 제시되기도 했으니….

달리 말하면 그만큼 수요가 넘친다는 것.
광주 복합 쇼핑몰 유치는 곧 흥행 보증 수표.
유통계의 황금알, 기회의 도시!

신세계백화점 확장도, 더현대 광주도, 어등산 스타필드도 착착 진행 중.
꿀잼 도시 광주로 가는 길이 열리고 있다.

앞으로 차근차근 **광주에만 없는 20가지 목록을 지워 가야지.**
그 빈 목록에 **광주에만 있는 완소 목록을 채워 가야지.**

국비 확보에 동분서주

국회의원을 4년 했고, 국회에 있는 동안 예결 위원도 해 봤고,
청와대에서는 예산 편성에서 예산 절차까지 이론과 실전 모두 경험.
어느 단계에서 누가 키맨인지
어느 곳을 찔러야 하는지 공격 포인트를 알고.

19대에 국회의원을 했으니
벌써 나와 입사 동기(?)인 의원들은 3선 의원.
21대 총선을 치른 정무 비서관이라
여야의 신진 정치인과도 두터운 친분.

문화경제부시장의 중요한 임무 중 하나인 **국비 확보**…
나의 이 **경험과 인맥은 큰 자산**이다.

작년 광주광역시에 대한 **국비 예산의 대폭 증액**,
재정 상황이 최악으로 어렵던 **올해의 국비 확보와 현행 사업 유지도**
지난 10년의 축적된 시간이 있어 가능했으리라.

물론 국회에서의 일은

국회 안에서 할 때 가장 힘을 낼 수 있다.

지역의 발전을 위해서

다시, 국회 안에서 제대로 싸워 보자!

광주의 숙원, 군 공항 이전

'주민이 원하면 군사 시설인 군 공항을 이전할 수 있다.'
19대 국회의원 시절 추진한 '군 공항 이전 특별법'.

감히 군사 시설을 군의 필요가 아니라
시민의 요구로 옮긴다는 게 말이 되느냐?
그러다가 국가 방위 시설이 다 없어지는 것이 아니냐?

결코 깨질 것 같지 않던 **마(魔)의 통념.**
결국 깨트리고 통과시켰다.
아무도 시도하지 않던 그 처음을 넘어서자
또 다른 시도가 이어졌다.

광주와 대구의 '군 공항 이전'이 다음 발걸음을 뗄 수 있었고,
부시장이 되고는 포괄적 의미의 군 공항 이전 특별법을 넘어
'광주 군 공항·대구 군 공항 이전 특별법' 발의 후 1년 만에 통과!

그러나 아직도 눈앞에는 넘어야 할 고지들…

다시 7분의 전투에 나선다.

나의 무기는 소신, 성실, 끈기, 열정, 사람…

하아, 세다 보니 참 많네.

"끝내 싸워 이기리라!"

무등산을 시민에게

무등산 정상은 천왕봉·지왕봉·인왕봉…
천지인 3개의 봉우리가 있습니다.
그중 가장 높은 천왕봉에는 지난 57년간
공군의 방공 포대가 상주해 있지요.
시민이 천지인(天地人) 정상의 모습을 볼 수 있는 날은
국방부의 허가를 받고 일 년에 한두 번 열리는 개방 행사뿐.

무등산은 국립공원이니 대한민국 국민 모두의 것이고,
소유로는 광주시의 소유이니 광주 시민의 것인데
정상에 오르려면 국방부의 허가를 받아야 한다니…
온당하지 않습니다!

부시장이 되고 바로 국방부와 협상을 시작했습니다.
5년마다 방공 포대의 토지 사용을 광주시가 허락해 왔는데
포대 이전을 하지 않으면 토지 점유를 허락하지 않겠다고,
그럼 공군이 광주시의 땅을 불법으로 무단 점거하는 것이 될 테니
그에 따른 법적 책임도 져야 한다는 으름장을 놓기도 했습니다.

물론 국방부가 그런 정도의 협박에 굴복할 리 만무.
그래서 **방공 포대의 무기 체계가 바뀌는 시점을 조사하고,**
현재 주둔하는 병사들의 고충을 해결할 방법도 찾아 가면서
새로운 대안을 제시하고 설득하는 일을 반년 넘게 했습니다.

그 결과 57년 만에 무등산 정상의 방공 포대가 철수를 결정했고,
천지인(天地人) 중 **인왕봉은 부대의 완전 철수 이전에라도**
먼저 상시 개방하기로 합의했습니다.

군사 시설을 어떻게 옮기겠어?
57년이나 있던 부대에게 나가라고 한다고 나가겠어?
다들 안 된다고, 불가능한 일이라고 말했지만
하면 됩니다!
누군가는 꿈을 꿔야 현실을 만들어 낼 수 있지요.

기회도시
광주 사용법

4장

문화가
흐르는 광주

e스포츠 꿀잼 도시

저는 2012년 4월, 제19대 국회에 민주당의 청년비례대표로 국회의원에 선출되어 중앙 정치에 정식으로 입문하였습니다. 그래서인지 언론사의 기자들이 유독 저에게는 청년 정치, 청년의 현재, 청년의 미래에 대해 많은 질문을 했습니다. 물론 그러한 요구에 충실히 응해 왔습니다. 하지만 사실 국회의원이 되기 전까지 저의 주된 고민은 '청년'보다는 '청소년'이었고 청소년과 청년이 따로 떨어져 생각할 수 없는 가치이기에 현재 사회의 청소년 문제를 살펴봄으로써 그들이 청년이 되었을 때 한층 나은 삶을 살아갈 수 있는 토양을 만들 수 있다고 생각했습니다. 그래서 저는 순천청소년축제위원회, 청소년 인문학 아카데미, 리더십 캠프, 동아리 박람회 등을 통해 청소년과 소통하고 호흡하려 했던 과거의 노력을 현재까지도 이어 오고 있습니다.

청년 정치인인 저에게도 분명 청소년의 시기가 있었습니다. 사회의 구성원이지만 소외된 느낌, 언제나 친구를 경쟁자로 바라봐야 했으며 치열한 학업의 전쟁터에서 끊임없이 전투해야 했던 시기의 자그마한 위로라면 친구들과 잠깐의 여유 속에 즐겼던 게임 한 판이었습니다. 그리고 이 시기에 대한민국은 스타크래프트라는 전략 시뮬레이션 게임 하나로 사회 전반의 많은 것들이 변화하고 있었습니다.

그 시대를 겪지 않았다면 '무슨 게임 하나가 대한민국을 변화시켜?' 그리 생각할지도 모르겠습니다. 쉽게 얘기하면 '프로게이머 (progamer)'라는 직업과 'e스포츠'라는 용어가 이때 생겨났습니다. 청소년들은 임요환, 홍진호 등의 스타 탄생을 목도하며 새로운 꿈을 꾸었고 많은 시간을 PC방에서 보냈습니다.

꿈을 이루기 위해 노력해야 할 시간을 낭비하며 게임을 하는 것이 아니고 꿈을 이루기 위해 매일 훈련하듯 게임을 하는 청소년들이 늘어났습니다. 게임이 게임으로 남지 않고 문화와 예술의 경지로 올라섰으며 대한민국 경제의 큰 축을 담당하게 되었습니다.

게임은 이렇게 대한민국을 구성하고 대표하는 중요한 문화 콘텐츠가 되어 가고 있었는데 사람들의 인식과 정치권의 제도적 정비는 한참 뒤처져 있었습니다. 기성세대는 게임을 '중독'이라며 문제시하고 부정적으로 받아들였습니다. 산업적으로는 게임의 수출을 장려하고 지원하면서 박근혜 전 대통령은 게임을 '4대 악'이라고 규정하고 청소년의 게임 이용을 제재했습니다. 얼마나 이율배반적입니까?

저는 게임이야말로 막을 수 없는 시대의 흐름이라고 생각합니다. 인터넷과 기술이 발달할수록 국가 간의 지리적 장벽은 무의미해질 것입니다. 더구나 게임은 여느 스포츠처럼 타고난 육체적 능력에 의해 크게 좌우되는 세계가 아니라, 누구나 꿈꿀 수 있고 누구나 성공할 수 있는 세계입니다.

야구, 축구보다 스타크래프트, 롤, 피파 온라인이 더 친근하고 금메달리스트 심권호, 여홍철보다 프로게이머 페이커가 영웅인 세대에게 어떻게 그것은 중독이고 악이고 나쁜 것이니 하지 말라고 설득할 수 있겠습니까? 그것은 불가능합니다. 그것보다는 차라리 이들이 음지에서 숨어서 하는 게 아니라 양지에서 모두의 응원과 격려를 받으며 즐길 수 있게 하고, 게임을 스포츠의 영역으로 넣어서 제도권의 관리와 지원을 받게 하는 것이 제가 청소년들에게 깔아 줄 수 있는 커다란 성장의 길이라고 생각했습니다. 이것이 진정 대한민국의 e스포츠가 발전하는 길이라고 말입니다.

처음 국회의원이 되면 자신이 활동할 국회 상임위를 정하게 됩니다. 저는 이때 교육문화체육관광위원회(이하 교문위)에 가고 싶었습니다. 앞서 말한 것처럼 교육과 문화, 체육, 관광 활동에 대한 비전이 있었고 이것이 제가 잘할 수 있는 일이라고 생각했기 때문입니다. 결과적으로 교문위에 가지 못하고 국방 위원회에 갔습니다. 불만은 전혀 없었습니다. 국방 위원회 역시 제가 희망하던 곳 중의 하나였고 일하는 동안 진심으로 최선을 다했습니다.

이 시기에 우리 당의 전병헌 의원이 한국e스포츠협회 회장과 국제e스포츠연맹 회장을 지내며 많은 활동을 하셨습니다. 일명 'e스포츠의 대통령'으로 불렸습니다. 저는 '게임이 e스포츠로, 미래의 대한민국을 이끌 중요한 자산이 되어야 한다.'라는 저의 평소 신념에 따라서 e스포츠와 관련된 여러 법안을 발의하기 시작했습니다. 그랬더니 저도 모르게 'e스포츠의 총리'가 되어 있었습니다. 이때 발의한 대표 법안 중의 하나가 2014년 4월 발의한 '문화예술진흥법 일부개정법률안'입니다.

이는 게임을 미술, 방송, 음악, 만화, 애니메이션 등과 함께 문화예술의 범주에 넣어 법적으로 관리하고 지원해 안전하게 성장할 수 있도록 돕자는 내용이었습니다. 이 법안을 발의해 놓고 정말 많은 부정적인 의견을 들었습니다. 말도 안 되는 소리라며 반대하는 목소리도 있었습니다. 게임이 어떻게 예술이냐며 바보 취급을 당했습니다.

하지만 저는 포기하지 않았습니다. 포기할 것이라면 애초에 시작도 안 했을 것입니다. 많은 이의 관심을 집중시키기 위해 '게임, 중독인가, 예술인가?'라는 토론회 등을 개최하며 제가 발의한 법안이 얼마나 필요한 것인지 알리기 시작했습니다. 그러나 이 시기에 뜻밖의 사고가 터지고 말았습니다.

그해 6월, 육군 제22사단에서 총기 난사라는 불행하고 슬픈 사고가 터집니다. 전역을 앞둔 임도빈 병장이 소총을 난사해 병사 5명이 사망하고 10여 명이 중경상을 입는 정말 안타까운 사고였습니다. 그는 유서를 통해 부대 내의 집단 따돌림 때문에 이렇게 끔찍한 일을 저질렀다고 밝혔습니다.

국방부는 임 병장의 집을 압수 수색하더니 "임 병장이 입대 전, PC방에서 FPS 게임을 하루 12시간씩 한 것으로 조사됐다."라며 마치 게임 중독에 빠져 이런 참혹한 짓을 벌인 것처럼 호도했습니다. 게임을 e스포츠화하기 위해 다각도로 노력했던 저로서는 참으로 어처구니가 없었습니다. 많은 언론이 이것이 사실인 것마냥 관련 내용들을 퍼날랐습니다. 참지 못한 저는 결국 "군 총기 사고의 이유가 스페셜포스 때문이라면 대한민국 교통사고의 원인은 카트라이더 때문입니까?"라며 일침을 날렸습니다.

이 일은 당시 우리 사회가 게임을 어떻게 바라보고 있는지 보여주는 단적인 사건이었습니다. 이러한 사회적 분위기 속에서 계속 게임을 문화예술로 인정하자는 주장이 얼마나 미친 소리로 들렸겠습니까? 저에게 향한 다양한 비난의 목소리가 이상할 것도 없다고 생각했습니다. 하지만 사회 발전에 필요하다면 말도 안 되는 일이라 할지라도 강력하게 추진해 실현시키는 게 제가 정치를 하는 이유이자 목적이 아닐까 싶었습니다.

당시 많은 선진국은 게임을 중요한 문화예술로 꼽고 있었습니다. 하지만 우리나라의 '문화예술진흥법'에는 게임이 포함되어 있지 않아, 게임이 다른 문화예술과 동등한 대우를 받지 못했습니다. 저는 문화예술진흥법 개정을 통해 게임의 위상을 높이고 관련 활동을 지원해야 한다고 생각했습니다. 그래야 게임이 법적으로 문화예술로 인정받게 되고, 게임 콘텐츠는 단순히 산업적인 것을 넘어 표현과 창작, 그 자체에 대한 보호를 더 강하게 받을 수 있다고 믿었기 때문입니다.

이는 게임의 위상 제고는 물론이고 그동안 논란이 됐던 각종 게임 규제 법안에도 영향을 미치게 됩니다. 제가 발의한 이 법안은 아쉽게도 당시 국회 본회의를 통과하지 못했지만, 2022년 더불어민주당 조승래 의원의 발의로 통과되었습니다. 비록 제가 발의했을 때는 통과되지 못했지만, 그것은 크게 상관없습니다. 분명 저의 노력도 법안 통과에 한 초석이 되었을 거라 믿으니까요.

관련 법안 하나가 통과되었다고 해서 모든 것이 바뀌지는 않습니다. 아니 오히려 시작이라고 할 수 있었습니다. 저는 게임이 게임으로

만 그치지 않고 'e스포츠'가 되어야 한다고 생각했습니다. 그래서 '게임산업진흥에 관한 법률 일부개정법률안'을 대표 발의 했습니다. 이것의 골자는 개정안을 통해 게임을 부정적으로 바라보는 조문을 삭제하고 정부가 중립적인 시각에서 게임을 접근해 달라고 요청하는 것이었습니다. 그뿐만 아니라 상업적 게임이 아닌, 비영리 게임은 심의를 받지 않고 제작할 수 있도록 하자는 내용을 담았습니다. 게임을 만드는 목적은 꼭 돈이 아니라 정보의 전달이나 기술의 습득을 위해 만들어지기도 합니다. '타자 연습 게임' 같은 것이 대표적인 예라고 할 수 있습니다. 개인이 취미 차원으로 영상을 찍어 유튜브에 올릴 때는 심의를 받지 않는데 왜 게임은 그래야 하는지, 이해가 되지 않았습니다. 이를 부당하게 여겨 법안을 발의했습니다.

법안 통과를 위해서는 무엇보다 많은 국민의 관심이 필요합니다. 그래서 이런저런 아이디어를 생각하다가 게임협회와 협력해서 국회의원회관 1층에서 여아 국회의원들이 참가한 게임 대회를 열기도 하고 보좌관 게임 대회도 열었습니다.

2017년에는 제19대 대통령 선거를 앞두고 문재인 후보 캠프에 있었는데 이때 스타크래프트 게임에 '문재인 전용 맵'을 만들어서 후보도 홍보하고 e스포츠 인식 개선도 하는 1석 2조 전략을 썼습니다. 그런데 오히려 후보보다 '문재인 전용 맵'이 화제가 되면서 항의 아닌 항의를 받는 웃픈 해프닝도 있었습니다.

대한민국의 게임은 게임을 뛰어넘어 산업이자 스포츠로 자리매김하고 있습니다. 문화체육관광부와 한국콘텐츠진흥원의 발표에 의하면 게임 시장은 2022년 기준 21조가 넘는 어마어마하게 큰 시장입니다. 내수 시장뿐만 아니라 해외 시장에서도 엄청난 성과를 거두고 있는 대한민국의 대표적인 첨단 디지털 콘텐츠입니다.

e스포츠가 스포츠계의 주요 화두로 떠오르며 우리가 상상하던 것 이상으로 진보하고 있는 것입니다. 대한민국은 e스포츠의 종주국이라 해도 과언이 아닙니다. 세계 유수의 게임 대회에서 대한민국 프로게이머들이 선수로서 그 위용을 떨치고 있으며 전 세계에서 5억 명 이상이 이러한 대한민국의 모습을 즐기고 응원하고 있습니다. 4차 산업혁명으로 디지털 시대가 도래한 지금, e스포츠는 우리에게 또 하나의 미래 산업을 준비할 것을 요청하고 있습니다.

다양한 각도에서 e스포츠의 발전과 지원을 위해 노력해 왔던 저는 2023년 항저우 아시안게임을 지켜보며 설레고 뜨거운 감정에 벅찼습니다. 대한민국 스포츠 선수들의 선전과 함께 대한민국 e스포츠의 위상이 국격을 한 단계 높였기 때문입니다. 대한민국 e스포츠 선수단은 이번 아시안게임에서 금 2개, 은 1개, 동 1개를 따는 쾌거를 이루었습니다. 저는 대단히 기쁘면서도 한편으로는 마음이 다시 바빠지기 시작했습니다. '아시안게임에 e스포츠가 정식 종목으로 채택된 이 시점에 내가 몸담고 있는 광주는 얼마나 준비가 되어 있지? 내가 광주의 e스포츠를 위해 할 수 있는 것은 무엇이 있지?' 하나라도 더, 하루라도 더 빨리 준비해야겠다는 생각에 마음이 달음질쳤습니다.

광주는 현재 e스포츠를 광주의 대표 상품으로 만들어 꿀잼 도시 광주로 거듭나기 위해 즐거운 행보를 이어 가고 있습니다.

첫걸음으로 국내 최대 규모의 e스포츠 전용 경기장인 '광주이스 포츠경기장'을 개관했습니다. 조선대 해오름관을 재배치한 이 경기장 은 1,005석의 주경기장과 160석의 보조경기장, 부조정실, 연습실 등 을 갖춰 국제 대회와 메이저급 경기를 치를 수 있는 전국 최대의 규 모를 자랑합니다.

또한, e스포츠 전문 교육기관인 '광주 e스포츠 교육원'을 개설해 e스포츠 산업의 핵심 역할을 담당할 전문 인력을 양성하고 있습니다. 청소년을 대상으로 e스포츠의 건전한 놀이 문화를 확산시키고 e스 포츠의 가치를 높이기 위해 청소년 캠프와 고교 라이벌전 등의 다양 한 특화 프로그램도 실시하고 있습니다.

최근 광주광역시 교육청은 전국 최초 e스포츠 종목 학교 운동부 창단을 광주공업고등학교와 광주자연과학고등학교에 허가했고, 제가 참석한 창단식 자리에서 아낌없는 지원을 약속했습니다.

그리고 이러한 인프라를 효율적으로 관리하고 활성화하기 위해 'e스포츠산업지원센터'도 개관했습니다. 이곳에서는 경기장을 활성화 하고 교육원에서 배출한 인재를 활용해 e스포츠 산업 발전에 박차를 가하며 광주가 e스포츠 허브 도시로 나아갈 수 있도록 다양한 활동 을 해 나갈 계획입니다.

이러한 e스포츠 관련 시설을 구축한 가운데, 2023년 미국의 e스 포츠 전문 채널 'ESTV'와 업무 협약을 맺기도 했습니다. 이를 통해 '한미 대학 대항전' 등의 세계 대회 개최와 전문 인력의 상호 교류, 아 마추어 대회 활성화, 게임 개발자 육성 등을 약속하며 국제 교류에

힘찬 행보를 하고 있습니다.

광주광역시는 장애인 e스포츠 선수단에 이어 광주광역시 연고의 e스포츠 팀인 '광주쉐도우'를 지원하는가 하면 대학, 직장인, 아시아 리그 등의 각종 대회를 치르며 아시아 e스포츠 중심 도시 광주, e스포츠 산업의 허브 광주가 되기 위해 노력하고 있습니다.

게임을 e스포츠로 격상시키려는 노력은 단순히 이것이 청소년, 청년층에게 인기 있으니 반짝 보여 주기식으로 하는 한시적인 것이 아닙니다. 그랬다면 10년이라는 시간 동안 꾸준한 관심과 행보를 이어 가지 못했을 것입니다. 저는 미래 중요한 먹거리가 e스포츠에 있다고 믿습니다. 그래서 e스포츠 꿀잼 도시를 만들기 위해 선제적으로 다양한 노력을 하는 광주광역시와 시민들의 행보에 큰 응원과 박수를 보냅니다. 저 또한 이에 미약하지만 하나의 밀알이 될 각오로 최선을 다해 뛰겠습니다.

미술의 도시 광주

광주를 부르는 대표 명칭 중에 '예향(藝鄕)'이라는 말이 있습니다. 저는 처음 광주에 왔을 때부터 이 말이 참 이상하다고 생각했습니다. 예향, 즉 예술의 도시라는 이름으로 많은 사업과 지원과 행정을 광주가 추진하는데 이 용어 자체가 적합하지 않아서 오는 혼선이 있어, 이것부터 바로잡고 가야 한다고 생각했습니다.

예술이 뭘까요? 예술은 너무나 포괄적이고 그 범주가 넓습니다. 사람들의 의식 속에도 '예술은 뭐다'라고 딱 정의 내리기 힘든 광의의 개념을 내포하고 있습니다. 그러니 그 커다란 예술 안에서 어떤 것이 우리 광주가 내세울 수 있는 무기인지, 어떤 것의 장점을 살려야 그게 의미 있는 캐릭터가 될 수 있을지 그 고민이 필요하다는 겁니다. 예를 들면 통영 하면 '음악', 부천 하면 '만화·애니메이션'이 떠오르고 부산 하면 '영화', 전주 하면 '국악'이 자연스럽게 연상되는데 광주 하면 '예술'? 예술 중에서 무엇을 말하는 걸까요? 그냥 예술? 너무 두루뭉술합니다. 예술 중에서도 무엇인지를 명확히 해야 광주의 문화예술 생태계가 살아날 수 있습니다.

그래서 제가 주장하는 것은 미술입니다. '광주는 이제 미술의 도시이다. 미술의 도시라고 하는 것으로 명확하게 자리매김해야 한다. 그러기 위해서 무엇을 해야 할까?' 이것이 저와 광주광역시가 해결해야 할 숙제라고 생각합니다.

광주가 아시아문화중심도시를 표방한 지 꽤 됐습니다. 광주에는 30년을 이어 온 비엔날레가 있고 아시아문화전당(ACC)이 있으니 충분히 그럴 만합니다. 하지만 진정한 아시아문화중심도시, 미술의 도시 광주로 인정받기 위해 제대로 이것들을 들여다볼 필요가 있습니다. 제가 광주에 와서 시민이 오해하고 있다고 느낀 것이 미술이나 예술을 거론할 때 두 가지 큰 선입견을 가지고 있다는 점이었습니다. 첫 번째는 '비엔날레가 너무 어려워!'라는 것이었고 두 번째는 'ACC는 뭐 하는 곳이야?'라는 것이었습니다. 하지만 사실 조금만 관심을 가지고 들여다보면 이런 오해는 금세 사라질 겁니다. 비엔날레는 매년 관람객이 꾸준히 유치되고 있고, 직접 와서 보면 요즘은 꽤 볼 만하고 재밌습니다. ACC도 다양한 공연과 전시, 교육 프로그램을 운용하면서 티켓이 없어서 못 갈 정도로 굉장히 활성화되어 있습니다.

그런데 왜 저런 말씀들을 할까? 단순히 시민이 무관심해서일까? 아니라는 겁니다. 이것은 어찌 보면 비엔날레와 ACC의 태생적 한계이기도 하고, 가장 큰 장점을 제대로 설명해 내지 못한 것에서 기인한다고 생각합니다.

제 생각에 비엔날레는 패션쇼입니다. 프랑스에서 어떤 패션쇼를 한다고 했을 때 대부분의 사람은 그것을 보고 '저걸 옷이라고 만들었어?', '저 옷을 누가 입어?'라는 생각부터 합니다. 말 그대로 쇼를 위해 만든 거라고 느낍니다. 하지만 많은 패션 전문가는 그 패션쇼에서 구찌가 어떤 색을 썼는지, 샤넬이 어떤 디자인을 했는지 관심을 갖고 연구하고 분석합니다. 왜 그럴까요? 그것은 패션쇼라는 것이 현재의 패션을 보여 주는 것이 아니라 앞으로 패션이 나아가야 할 방향, 새로운 시대적 방향성을 제시해 주는 역할을 하기 때문입니다.

비엔날레도 마찬가지입니다. 그러니까 사람들은 비엔날레를 큰 전시회일 거라고 생각하고 가는데, 사실 비엔날레는 전시회장이 아닙니다. 오히려 전시회장이라는 개념만으로 놓고 보면 비엔날레 전체 공간은 대단히 비효율적으로 조성되어 있습니다. 비엔날레는 미술의 새로운 시대를 제시해 주는, 어찌 보면 혁명의 공간이자 새 시대를 여는 공간입니다.

패션쇼로 돌아가서 다시 얘기해 보겠습니다. 패션쇼의 옷들은 일반인의 시선에는 다소 난해하고 실험적이지만, 1~2년이 지나면 유명 잡지나 브랜드 등에서 그 기조를 따라가기 시작합니다. 색감은 어떤지, 옷감은 어떤 걸 썼는지, 촉감은 어떻고 디자인은 어떤지. 거기서 다시 1~2년 정도가 지나면 어느새 기성복들로 탈바꿈되어 우리는 그 옷을 입고 거리를 활보합니다. 패션 시장은 그렇게 패션쇼의 영향을 받는 겁니다.

광주 시민이 30년 이어진 비엔날레를 어렵게 느끼는 이유에는 이런 것들이 있다고 생각합니다. 30년 전에는 미술이 뭔지도 모르는 사람들에게 억지로 비엔날레를 가게 했습니다. 심지어 초등학생, 중학생 소풍으로도 가고 주민자치회까지 동원해서 관람객을 채웠습니다. 그 당시 사람들에게 미술이란 전시장에 걸려 있는 액자였습니다. 당시에 미술 사조의 고민은 개념 미술이었습니다. 어디까지 미술인가를 주제로 끊임없이 논쟁하고 토론하던 시기였습니다. 이 치열함 속에서 설치 미술이 나오기 시작했습니다. 그러다 보니 비엔날레에는 우리가 아는 전통적인 관념의 미술 작품이 없었습니다. 벽에 그림이 걸려 있지 않고 마네킹이 하늘에 떠 있고 각종 재료가 바닥에 널브러져 있었습니다. 그러면서 이게 미술이라고 하니 당시 사람들에게 얼마나 충격적이고 정신이 없었겠습니까? 그런데 이 혼란이 가시기도 전에 이제는 영상과 소리가 등장합니다. TV 화면을 마구 쌓아 놓고 미술이라고 하는 비디오 아티스트 백남준이 있었고 미디어아트 작품들은 벽에 빛을 쏘아 대고 굉음을 들려주며 미술 작품이라고 하니 얼마나 기가 막히고 어려웠겠습니까? 어려워하고 이해 못 하는 모습을 보이기 싫어 발길을 끊었을지도 모르겠습니다. 하지만 이것은 관객의 무지가 문제가 아니라 자연스러운 시대의 흐름에서 생기는 작은 마찰 같은 것입니다. 지금은 사람들에게 위와 같은 것들을 보여 주면 자연스럽게 미술 작품으로 받아들이고 설치 미술의 일종이구나 하고 생각합니다.

비엔날레는 이런 강렬하고 자유분방한 미술의 형식에 시대를 앞서가는 메시지를 담아 왔습니다. '미술이라고 하는 것이 혁명적 무기의 역할로서 우리에게 많은 주제를 던져야 한다. 단순히 아름다운 것을 보여 주는 것이 아니라 우리 삶에 메시지를 던지는 무기여야 한다.'라는 것이 미술계의 화두였습니다.

최근의 비엔날레는 이러한 요구에 조금 뒤처진 모습을 보였습니다. 그래서 평단의 혹평을 들었습니다. 그런데 재밌게도 일반 관객의 호응은 오히려 좋았습니다. 이런 비엔날레를 광주 시민이 보고 싶어 했습니다. 이 적정선을 찾기가 광주광역시도, 기획자도, 참여 작가들도 정말 어렵습니다.

이런 흐름 속에 민선 8기에 들어선 광주비엔날레에 저는 변화가 필요하다고 생각했고 그래서 제가 대대적으로 시작해 보자고 했던 것이 '광주 시민 도슨트 되기 운동'이었습니다. 광주 시민이 150만 명 정도 되니 최소한 그중 10%인 15만 명은 미술의 도시 광주의 시민으로서 미술에 관해 공부해 보자는 내용의 기획입니다.

세상에는 다양한 즐거움이 있지만 그중 앎의 즐거움, 지적 욕구를 충족시키는 즐거움도 크고, 아는 만큼 보이는 것이 미술이라고 생각합니다. 그래서 시민에게 그러한 즐거움을 드려 보자는 생각으로 '광주 시민 도슨트 되기 운동'을 시행하게 되었습니다. 광주의 역사 5시간, 광주의 중점 사업인 AI가 세상을 어떻게 바꾸는지에 대해서 5시간, 문화·예술에 대해서 5시간, 이렇게 총 15강을 '광주학'이라고 프로그램을 짜서 광주인재교육원에서 진행토록 하였습니다.

앞으로는 주민자치회, 평생교육회, 광주광역시와 관련한 단체들이 무엇인가를 하려면 이 프로그램을 기본 이수하도록 제도화하려고 하고 있습니다. 광주 시민이라면 이 정도는 알아야 한다는 취지입니다. 현재는 첫해여서 시민이 3만 명 정도밖에 참여하지 못했지만 앞으로도 계속 시행해 나갈 계획입니다.

올해 비엔날레는 시작하기 전부터 광주광역시 강기정 시장님과 문화경제부시장인 제가 총력을 다하였습니다. 우선 티켓을 11만 장이나 팔았고, 저 혼자 유료 티켓을 2만 1천 장 정도 팔았습니다. 안 해서 그렇지, 하면 얼마든지 많은 유료 관객을 모실 수 있다는 걸 보여 주고 싶었습니다.

광주를 아시아문화중심도시라고 하는데 실제로 이것을 느낄 수 있는 부분이 무엇일까? 자세히 찾아봤지만 쉽게 볼 수 없었습니다. 그래서 올해 비엔날레 파빌리온에 많은 국가를 유치하고 싶었습니다. 파빌리온은 다양한 국가의 미술가들이 동일한 화두로 상호작용하며 작품 활동을 펼치는 비엔날레의 중요 전시 기획입니다.

이번 파빌리온에 네덜란드, 스위스, 우크라이나, 이스라엘, 중국, 캐나다, 폴란드, 프랑스 9개국이 참여하였고 역대 최대 규모였습니다. 저는 모든 국가의 개관식에 참석했고 비엔날레의 행사를 다니면서 있는 힘껏 미술 외교를 펼쳤습니다. 그 덕에 내년 비엔날레에는 거의 30개 가까운 국가가 파빌리온에 참여하겠다고 벌써 접수하고 있습니다.

하지만 저는 여기서 만족할 수 없었습니다. 파빌리온을 장기적으로 상설화할 수 있는 프로그램을 만들어 보자고 생각했습니다. 그 일환으로 외국 대사관의 공관은 업무 특성상 어쩔 수 없이 서울에 있지만 각국의 문화원만이라도 광주에 두면 어떨까? 그러면 문화 수도 광주라는 명칭에 걸맞은 위상을 갖출 수 있지 않을까? 그래서 이런 내용을 담은 캠페인을 펼치고 있습니다. 외국 대사를 만나거나 행사가 있을 때마다 ACC 옆에 공간을 제공할 터이니 문화원을 광주로 옮겨 주십사 하는 의견을 꾸준히 피력하고 있습니다. 특히 아시아 국가의 문화원들이 들어와 준다면 아시아문화중심도시로서 상징적인

위치가 되지 않을까 하는 생각이었습니다.

하지만 이 역시 쉽지 않습니다. 이번 파빌리온만 보더라도 중국을 제외한 대부분의 국가가 유럽 국가였고 실상 아시아 국가들은 자원을 들여 참여하기가 쉽지 않은 실정입니다. 그래서 광주광역시는 광주형 문화 공적개발원조(ODA)라는 문화·예술 공유 프로그램을 운용해 우리 지역 작가들을 베트남이나 스리랑카 같은 아시아 국가로 보내고 있었습니다. 그러나 이것이 너무 일회성이기에 저는 이것을 없애고 차라리 반대로 진행해 보자, 아시아 작가들에게 좋은 활동 공간을 마련해 주고 전시와 레지던시, 국제 교류 활동을 할 수 있도록 지원해 보자, 이것이 파빌리온까지 이어질 수 있다면 충분히 선순환 프로그램이 되겠다고 생각해 추진하고 있습니다.

비엔날레의 프로그램에 관해서는 이런 고민과 활동들이 있고 다른 쪽으로는 사무국을 잘 개편해 볼 필요가 있지 않은가 생각하고 있습니다. 원래 비엔날레는 문화체육관광부(이하 문체부)에서 시작해서 국가적 행사로 쭉 이어져 왔습니다. 사무국도 문체부 소속으로 운영되어 왔고, 법인도 문체부 등록 법인입니다. 하지만 예산은 광주광역시가 지원하도록 변환되었습니다. 이러다 보니 비엔날레 사무국은 시의회에 출석하지도 않고 감사를 받지도 않습니다. 이것은 광주 시민께 온당한 일이 아니라고 생각합니다. 비엔날레 사무국을 개편하는 것이 맞지 않나 싶습니다.

광주는 2년에 한 번씩 비엔날레와 디자인 비엔날레를 하는데, 이 두 개의 사무국이 따로 있습니다. 저는 두 사무국을 통합해 홀·짝수로 나눠서 두 비엔날레를 개최하는 방식으로 활성화와 효율성을 위한 체제 변화가 필요하다고 생각합니다.

비엔날레와 더불어, 미술의 도시 광주광역시의 중요한 축 가운데 하나가 바로 광주아트페어입니다. 아트페어는 쉽게 말해 갤러리가 미술가들의 작품을 전시하면 관람객이 작품을 구매하는 방식입니다. 여기서 발생하는 수익은 갤러리와 작가가 나눕니다. 작가도 생활을 해야 하고 그러려면 수익이 있어야 하는 것이니 아트페어는 상업성이 중요하다고 할 수 있습니다. 그런데 몇 년간의 광주아트페어는 아주 만족스럽지 못한 성과를 내고 있습니다. 냉정하게 평가해서 실패의 수순을 밟고 있습니다. 왜 그럴까? 준비의 부족일까? 아니면 유명한 갤러리들이 숱한 요청에도 불구하고 참여하지 않아서일까?

제가 생각하는 첫 번째 이유는 아이러니하게도 광주가 너무 긴 시간 동안 예향이었기 때문입니다. 이게 무슨 말이냐 하면, 광주의 유력자들은 미술품 구입에 인색하지 않습니다. 오히려 미술 사업에 지원도 해 주고 자신이 좋아하는 작가들의 작품도 구매합니다. 하지만 이분들에게 그림은 상업이 아니고 예술 작품인 겁니다. 따라서 그림의 값을 치른다기보다 작가를 도와주고 지원해 준다는 관점에서 접근하기에, 아트페어에서 그림을 구매하기보다는 작가와 직접 거래하거나 후원해 주는 방식이 일반화되어 있습니다. 작가들도 이 방식에 익숙해져 작가 스스로가 아트페어에서 갤러리의 주선으로 그림을 팔아 갤러리와 수익을 나누는 방식을 꺼리게 되었습니다. 당장은 작가가 수익을 모두 가져가니 좋을 것입니다. 하지만 장기적으로 보면 갤러리는 이 수익으로 다른 작가를 발굴하고 키워 나갑니다. 갤러리에도 수익이 있어야 지역 작가를 키워 국내의 대표적인 국제 아트페어인 키아프(Kiaf SEOUL)에도 데려가고 해외 전시와 판매도 주선할 수 있는 것입니다. 이는 작가 개인으로서는 불가능에 가까운 업무입니다.

두 번째 이유로는 작가 부스 운영입니다. 광주아트페어를 개최했을 때 갤러리는 갤러리대로 불러 놓고 운영은 광주미술협회 중심으로 진행되다 보니 여기서 괴리가 생겼습니다. 미술협회는 목적이 상업성이 아니라 지역 미술가들의 이익 대변을 위해 존재하다 보니 취지는 좋지만 아트페어라는 행사가 가진 성격과는 맞지 않았습니다. 광주 작가가 아트페어에 참여한 타 지역의 갤러리에 작품을 내지 않고 작가 부스에 직접 내는 경우가 빈번하자 경쟁력과 상업성이 떨어질 수밖에 없었습니다. 그림이 팔리지 않자 광주시립미술관이 자체 예산으로 아트페어의 그림을 구입해 줍니다. 미술관은 미술 전시를 할 만한 작품을 사야 하는데, 그동안 지역 작가들의 작품을 사 주는 일을 해 왔던 겁니다.

광주아트페어가 이런 식으로 거래가 이루어진다는 입소문이 돌면서 유수의 갤러리들이 광주를 찾지 않기 시작했고 그러다 보니 좋은 작가들과 힘 있는 구매자들도 광주를 찾지 않고 있습니다. 이대로라면 광주아트페어는 큰 위기에 직면할 수밖에 없습니다.

저는 아트페어의 작가 부스부터 없애 버렸습니다. "내가 있는 한, 절대 작가전 같은 건 없다. 무조건 갤러리를 끼고 들어와라. 그리고 정당하게 갤러리와 작가 수익을 나누고 후사를 도모해라." 반발이 예상됐지만 어쩔 수 없는 조치였고 많은 관계자가 취지를 잘 이해해 주어 큰 마찰 없이 광주아트페어에서 작가 부스를 없앨 수 있었습니다.

그럼에도 불구하고 고민은 사라지지 않았습니다. 좋은 작품은 다 키아프나 다른 큰 아트페어로 가고, 광주아트페어에는 좋은 작가나 작품이 충분히 참여하지 않았습니다. '차라리 우리만의 아이덴티티(identity)를 가진 아트페어로 변화하는 것이 어떨까? 언제까지 오지 않는 갤러리와 작가들을 기다려야 하지? 그들을 유치하기 위해 재원이라도 풀어야 하나? 그러지 말자. 차라리 갤러리들의 전속 작가를 키우자. 갤러리의 눈에 상업적으로 괜찮아 보이는 작가들에게 비용을 주고 키워서 아예 광주아트페어 위주로만 출품하게 하자. 일반 시중에 유통되는 작품을 광주아트페어는 재판매하지 말자.' 좋은 작가를 직접 길러 내는 것도 중요한 타개책이라고 생각했습니다.

그리고 다른 방안은 광주·전남 작가들 위주로 지방 작가들의 전시를 진행하는 것입니다. 사실 지방 작가들의 작품을 서울에서는 쉽게 접하기 어렵기에 지역 작가들의 작품을 기획·전시해서 우리만의 유니크한 광주아트페어를 만들어 보자는 겁니다.

올해 광주아트페어는 '2023 광주에이블아트페어'라는 이름으로 개최되어 장애 미술인 150명, 비장애 미술인 60명의 작품 700여 점으로 진행되었습니다. 이 또한 유니크한 광주아트페어를 만들고자 하는 방안의 일환이라 할 수 있습니다.

미술의 도시 광주를 그에 걸맞게 만들기 위해서는 공간이 아주 중요합니다. 광주에는 이에 어울리는 좋은 공간이 아주 많습니다. 앞서 언급한 비엔날레 전시관이나 ACC 또한 아주 참신한 공간입니다. 시립미술관 역시 마찬가지입니다. 그리고 최근에 광주미디어아트플랫폼(G.MAP)이 개관했습니다.

2014년 12월 국내에서 처음으로 유네스코 미디어아트 창의 도시로 선정된 광주광역시는 다양한 미디어아트 콘텐츠 개발과 페스티벌 개최 등을 목적으로 광주미디어아트플랫폼을 만들었습니다. 해당 시설은 빛고을시민회관 앞에 위치해 있으며 다양한 미디어아트 전시와 교육 프로그램으로 광주 시민을 전 세계 창의 도시와 연결하는 교류 공간으로 미디어아트의 허브 역할을 해 나갈 것으로 기대하고 있습니다. 이러한 좋은 시설이 있더라도 좋은 프로그램이 운영되지 않으면 소용이 없다는 것을 누구보다 잘 알고 있어 이 부분도 최근 다각도로 고민 중인 사안입니다.

저는 미술의 도시, 아시아문화중심도시, 문화 수도 등 광주광역시가 가지고 있는 다양한 별칭이 어느 것 하나 어색하지 않게 만들고 싶습니다. 한시적이고 제한된 시선으로 문화예술을 바라보는 것이 아니라 광주에 필요한 미술 저변을 확대하고 광주 시민과 지역 작가들이 함께 즐기고 상생할 수 있는 방향으로 제도와 정책들을 고민해 나가도록 하겠습니다.

Festa City Gwangju

제가 부시장을 하다 보니까 가끔 광주에 오시는 외부 손님들을 모실 일이 생깁니다. 최근에도 손님을 1박 2일로 모셨습니다. 오전에 ACC에 가서 전시 작품들과 시설을 둘러보고, 사직공원 전망타워에 가서 무등산 전망을 본 후, 이이남 스튜디오에 가서 커피를 한잔 마시고 담양으로 향했습니다. 죽녹원에 들러 대나무 숲을 걷고 죽녹원 내(內)에 있는 한옥 숙소에서 하룻밤을 묵은 후, 아침에 일어나서 관방제림의 제방 산책로를 산책하고 다시 광주에 와서 식사하고 손님을 배웅하는 식의 코스였습니다. 대개 이런 식입니다. 광주광역시의 부시장도 이런 코스에서 크게 벗어나지 못하고 손님이 오시면 이와 비슷하게 답습합니다. 그런데 하물며 일반 시민이 광주를 관광하려고 하면 어딜 가실 수 있을까? ACC가 정말 좋은 공간이라고 말하지만 이곳은 미술관입니다. 국립광주미술관인 셈이죠. 우리가 서울 가서 관광하려는데 '서울 왔으면 국립 미술관 가서 현대 미술을 보십시오.'라고 하는 것과 같습니다. 이걸 관광이나 여행이라고 할 수 있을까요? 늘 반문하게 됩니다.

광주에 이렇게 관광지나 놀거리가 없을까? 냉정히 살펴보면 없습니다. 가슴 아프지만 이게 사실입니다. 광주를 상징하는 공간이 무엇일까? 무등산? 광주 시민은 그렇게 말할 수 있지만 광주에는 무등산의 전경을 시원하게 바라보며 차 한잔을 마실, 제대로 된 공간조차 없습니다. 광주는 관광 자원에 취약한 것이 맞습니다. 정확히 말해서 유료 관광지가 없습니다. 광주가 자랑하는 무등산도 입장료를 받지 않고 증심사도 마찬가지입니다. 민간 투자를 받아 만들어 놓은 드라마 세트장도 하나 없고 유료로 볼 만한 역사적 유적이 딱히 많이 남아 있지도 않습니다.

물론 관광이 유료냐 무료냐가 중요한가 생각할 수 있지만 관람료를 낸다는 것은 수익이 창출되는 것이고 이를 관리비에 사용할 수도 있고 관광지에 재투자할 수도 있습니다. 찾아온 관광객 입장에서도 내가 지불한 금액에 대해 기대감이 생기면 기꺼이 비용을 지불하고 보겠다는 소비 심리도 생겨납니다. 이런 관광지가 있다면 개인 관광객만 찾아오는 것이 아니고 여행사가 끌고 오는 것도 많아집니다.

여행사가 프로그램을 짤 때 무료 관광지가 많다고 상품성이 좋은 관광지라는 말은 아닙니다. 여행 경비를 산출할 만큼의 구조를 만들어 줘야 하는 건데 광주는 그런 것이 미비합니다. 따라서 단체 관람 프로그램 같은 것을 짜기에 좋지 않은 구조입니다.

예를 들면, 역사적 유적지라고 해서 다 무료냐? 시 소유의 땅이라고 해서 다 무료냐? 그렇지 않습니다. 순천의 낙안읍성, 순천만 정원박람회장, 순천만 갈대밭, 경주의 유적지들, 시(市)가 지어 놓은 드라마 세트장 중에는 관람료를 받는 곳도 있습니다. 실제로 이런 곳에 매년 많은 국내외 단체 관광객이 방문하면서 지역 경제를 활성화시키고 있습니다.

그럼 광주의 경우는 어떨까? 무등산 등반은 관광으로 말하기 어렵고 영산강과 황룡강이 있지만 아직 개발이 이루어지지 않았습니다. 그러니 광주 관광 하면 마땅히 떠오르거나 추천해 줄 만한 곳이 없고 그래서 담양이나 나주, 화순 같은 곳으로 빠져나가게 되는 겁니다. 근교이기는 하지만 사실상 광주가 아니기에 광주에 수익이 들어온다거나 세금이 걷히지도 않습니다. 이러한 광주광역시의 관광은 저에게 늘 큰 고민이었습니다.

그러면 어떻게 해야 할 것인가? 문화예술 도시로서의 광주의 정체성을 강조하는 예술 관광을 전문화할 것이냐? 아니면 광주의 상징과도 같은 5·18을 주제로 하는 민주·인권·평화의 다크 투어리즘(dark tourism)으로 갈 것이냐?

예술 관광이라고 하면 광주는 비엔날레가 열리고 있으니 그럴듯하게 들리지만 실상은 비엔날레는 2년에 한 번, 두 달간 열립니다. 그러니까 24개월 중 2개월 열리는데 이 기간만 관광을 오게 하자? 이건 관광이 아니라 일종의 이벤트 정도라고 생각합니다. 저는 이 부분에서 참 아쉬운 점이 있습니다. 광주비엔날레가 15회를 맞고 있습니다. 무려 30년을 지속해 왔습니다. 정말 대단한 것입니다. 그런데 남은 게 없습니다. 무슨 말이냐면 매번 비엔날레가 끝날 때마다 작품을 몇 개씩이라도 사 뒀더라면 30~40점 이상의 작품이 남아 있을 테고 이걸로 상시 전시를 열 수 있었을 텐데 그런 활동이 전혀 이루어지지 않았습니다. 그러니 30년째 하고 있는 광주광역시의 대표 행사인데도 상설관 하나 만들어 두지 못하고 2년에 한 번, 두 달이 전부가 되어 버린 겁니다. 물론 디지털 아카이브 작업을 하고 있지만 디지털과 실제 작품을 보는 것은 전혀 다른 차원이니 비엔날레의 축적된 자산이 없다는 건 여간 아쉬운 일이 아닐 수 없습니다. 그래서 비엔날레 전용 미술관을 시(市) 차원에서 하나 만드는 게 필요한 일이 아닐까 생각하고 있습니다.

5·18은 어떨까요? 5·18은 광주광역시뿐만 아니라 대한민국 전체가 결코 잊을 수 없고 잊어서도 안 되는 대단히 중요한 민주화 운동입니다. 언제나 그 뜻과 의미를 되새기며 반성하고 고마워하며 살아야 하는 커다란 자산이 맞습니다. 하지만 이 가슴 아픈 일을 계속 복기하며 온 가족이 즐길 수 있는 관광에 넣는 것이 맞을까? 다크 투어리즘이 주는 피로감에서 벗어날 수 있을까? 이 부분은 굉장히 복잡하고 어려운 문제입니다.

그래서 저는 생각했습니다. '이렇듯 주요 관광지라고 부를 수 있는 공간이 빈약하다면 페스타(festa), 즉 축제를 만들면 어떨까? 전시나 공연 같은 것도 좋지만 관광객이 함께 즐기고 놀 수 있는 잔치로서의 축제를 만들어 보자.' 현재 광주를 대표하는 축제로 충장축제를 가장 많이 이야기합니다. 그런데 법률적으로 보면 충장축제는 광주광역시 축제가 아니라 동구청 축제입니다. 양림동의 굿모닝축제도 마찬가지입니다. 예산이 2억밖에 안 되는 작은 축제이고 광주 남구청이 만드는 축제인데 이걸 광주광역시 축제라고 말할 수 있을까요? 현재는 광주광역시의 축제 사업에 각 구청이 응모해서 시(市)가 부여하는 방식으로 일이 진행되고 있습니다. 그러니까 시가 주체가 되어서 이끌어

가는 축제가 아니고 각 구(區)의 축제인 겁니다. 많은 시민이 이것을 광주광역시 대표 축제라고, 오해 아닌 오해를 하고 계신 겁니다.

저는 각 구청에서 하는 축제와는 별개로 광주광역시의 대표 축제를 만들 필요가 있다고 생각합니다. 비엔날레가 맨 위에 있으니 아트비엔날레, 디자인비엔날레로 나눠서 진행하고 김치축제와 5·18전야제를 시가 직접 주관하고 시민 모두가 참여하는 축제로 만들어서 우리의 대표 축제로 자리매김할 축제를 하나하나 기획해 나갈 필요가 있다고 생각합니다.

얼마 전에 '2023 제1차 관광산업활성화위원회'를 열어 '민선 8기 광주 관광 혁신 프로젝트'라는 것을 발표했습니다. 여기서 3대 추진 전략과 6대 점프 과제를 제시했는데 3대 전략은 시즌별 대표 하위 축제 도시 브랜딩과 마이스 연계 관광 경쟁력 강화, 국립아시아문화전당을 허브로 한 관광 콘텐츠와 새로운 관광지 개발, 도시 브랜드(의향·예향·미향)와 골목 상권을 연계한 관광 상품 개발 및 마케팅이었습니다. 6대 과제는 축제의 도시 광주 조성, 글로벌 마이스 유치와 관광 연계 활력 제고, 스토리텔링 기반 관광 콘텐츠 강화, 광주 브랜드 가치를 위한 새로운 관광지 확충, 광주 대표 관광 상품(코스) 개발과 브랜딩, 관광객 유치 확대를 위한 다각적인 홍보 마케팅 강화입니다.

이러한 전략과 과제를 통해 '축제의 도시 광주(Festa City Gwangju)'라는 슬로건으로 축제를 브랜딩하는 게 광주시의 방향입니다. 문화 자원이 부족하다면 다른 다양한 방식으로 이것들을 만들고 채워 나가면 되는 것입니다. 그리고 아주 명확하게 '광주=축제'라

는 브랜드를 정착시킬 수 있다면 광주도 여느 관광 도시 못지않은 관광과 여행의 메카로 자리매김해 나갈 수 있다고 생각합니다.

　다양한 콘셉트와 장르의 축제를 기획하는 것도 중요하지만 광주 시민과 외부의 관광객들이 모두 축제의 도시 광주(Festa City Gwangju)를 즐길 수 있도록, 쉽고 편한 방법으로 정보를 얻을 수 있도록 홍보와 마케팅에 힘을 쏟자는 것입니다. 잘 만들어도 홍보가 제대로 되지 않아 모르면 올 수 없고, 와서 만족하지 못한다면 오히려 역효과가 날 수도 있다고 생각했습니다.

　광주광역시에는 의외로 굉장히 많은 축제가 다양한 공간에서 펼쳐지고 있습니다. 이것들을 홍보할 수 있는 다양한 방법을 구상하였고 계절별, 취향별, 장소별로 나눠서 마케팅을 진행했습니다. 봄에는 비엔날레, 프린지페스티벌, 5·18전야제와 문화제가 열립니다. 여름에는 ACC월드뮤직페스티벌, 비어페스트광주, 가을에는 디자인비엔날레, 충장축제, 버스킹월드컵, 사운드파크페스티벌, 굿모닝양림, 광주김치축제, 겨울에는 미디어아트페스티벌, 양림&크리스마스문화축제 등 세대별, 취향별로 즐길 수 있는 다양한 축제가 준비되어 있습니다. 또 삼향이라고 해서 의향·예향·미향을 강조하여 취향별로 골라서 즐길 수 있는 축제의 방식으로 홍보를 진행하는 삼향 종합 축제라는 마케팅도 진행하고 있습니다. 공간별로는 광주에 1호선밖에 없는 지하철 권역별로 축제를 정리하여 접근성을 강조하고 있고, 2호선이 개통되면 효과는 극대화될 것이라고 생각하고 있습니다. 서두에도 말한 것처럼 이러한 다양한 축제와 홍보에도 불구하고 여전히 광주의 관광은 부족하고 여행지로서의 매력은 아쉽다고 생각합니다. 그렇다고 포기할 수 없습니다. 방법을 찾아 나가야겠죠.

최근에 문득 그런 의문이 생겼습니다. '처음 비엔날레는 누가 기획했을까? 처음 김치축제는 누가 추진했을까?' 둘 다 30년의 역사를 자랑하고 있습니다. 30년 전에 이런 실험적인 미술을 추구하는 비엔날레를 어떤 생각으로 광주광역시에 유치했을까요? 지금도 비엔날레가 어렵다는 시민들이 있는데 하물며 30년 전에 광주를 문화예술의 중심으로 만들자는 꿈을 어떻게 꾸었을까요? 김치는 한국 사람들에게 메인 요리가 아닙니다. 그냥 많은 반찬 중 하나일 뿐인데 김치로 축제를 할 생각을 왜 했을까요? 김치가 돈이 되고 산업이 되니 광주를 김치의 메카로 만들어 보자는 생각을 어떻게 했을까요?

저도 더 나은 광주를 위해, 광주다운 광주를 위해 꿈을 꾸어 보려 합니다. 끊임없이 새로운 시도를 하고, 새로운 기획을 하고, 힘들어도 잘 아껴서 투자하고, 지금은 비록 이질적이고 잘 안 맞는 색깔 같더라도 '축제의 도시 광주(Festa City Gwangju)' 브랜딩이 찰떡처럼 달라붙어 성공할 날을 위해 발칙하고 무한한 상상을 해 보려 합니다. 그래서 우리 국민들은 물론이고 세계의 시민들이 "광주로 관광 가자! 광주로 여행 가자!"라고 말하는 날이 오기를 말입니다.

미향 & 취향

　최근에 아는 지인이 광주를 며칠 다녀간 적이 있습니다. 경상도 분이신데 가실 때 이런 말씀을 하더라고요. "역시 전라도 하면 음식을 빼놓을 수 없군요. 광주는 동네 김밥천국도 맛집이네요." 별말 아닌 저 한마디가 많은 생각을 하게 만들었습니다. 그것은 광주광역시가 내세우는 많은 가치 중에 '미향', 즉 맛의 고장이라는 가치에 대해 아주 긍정적으로 표현한 말이었을 것입니다.

　그 연원은 알 수 없지만 예부터 광주는 음식 맛이 전국 최고라는 수식어가 따라다녔습니다. 그런데 정말 그러한가?

　'광주는 동네 김밥천국만 가도 맛집이다' 상대방은 너무나 맛있다는 칭찬의 의미로 건넨 말일 테지만 광주광역시의 부시장을 수행하는 저로서는 여러 의미로 곱씹어 볼 수밖에 없었습니다. 김밥천국은 도식화된 음식점의 대명사입니다. 전국 어디의 김밥천국을 가든 모두 같은 메뉴를 팝니다. 그러니 그런 식당의 음식이 유독 광주는 맛있다는 말은 분명 칭찬으로 해석해야 할 것입니다. 그만큼 조리를 잘한다는 의미일 테니까요. 하지만 그만큼 특색 있는 음식이 없다는 의미이기도 합니다. 광주광역시의 대표 음식으로 부를 만한 음식이 없고 모든 음식의 맛이 속된 말로 기본은 한다는 의미가 아닐까 싶습니다. 그렇다면 광주광역시의 대표 음식이라고 부를 만한 것은 무엇이 있을까요?

저는 전라도 순천 사람입니다. 순천 하면 짱뚱어탕이 유명합니다. 저도 자라면서 즐겨 먹곤 했습니다. 나주 하면 곰탕, 담양 하면 소고기와 갈비, 무안 하면 산낙지 등이 유명합니다. 사실 남도의 맛있다고 소문난 음식들을 따져 보면 광주가 아닌 전라도 음식들입니다.

광주광역시는 바다도 없고, 무등산이 둘러싸고 있지만 무등산은 임산물이 생산되는 곳은 아닙니다. 그러니까 신선하고 특색 있는 원재료의 생산지가 아니라는 말입니다. 부시장에 막 취임한 후, 제가 국회의원 출신이라 국회의원 300명에게 과일이라도 돌리며 인사를 드리려고 했습니다. 그래서 어떤 것이 좋을까 찾아봤는데 광주광역시 생산물이라고 찍혀 있는 과일이 하나도 없었습니다. 무등산 수박이나 광산구에서 나오는 방울토마토 정도가 있었지만 무등산 수박은 비싸고 방울토마토는 비닐하우스에서 생산되는 것이라 특색이 부족하다는 느낌을 지울 수 없었습니다. 곡성은 멜론, 순천은 단감, 나주는 배, 함평은 딸기……. 전라도의 다른 지역은 이런 대표성이 있는 과일이 즐비한데 광주광역시는 특산물로서의 농산물도 없고, 원재료가 없으니 특색 있는 음식도 없는 것입니다.

'광주는 음식이 참 맛있다.'라는 것은 사실은 광주가 전라도에서 가장 큰 도시이고 남도에서 다른 지역으로 통하는 교통의 요충지이다 보니 전라도의 맛있고 좋은 음식들이 집산하면서 만들어진 상황에서 기인한 말인지도 모릅니다.

벌교에 가면 꼬막, 여수에 가면 갓김치와 게장, 완도에 가면 전복

PART 2 기회도시 광주 사용법

을 맛볼 수 있습니다. 좋은 원재료가 나는 곳이면 당연히 이와 관련한 음식이 발달하고 이것은 단순히 음식과 특산물의 판매뿐 아니라 지역 축제나 관광과도 직결됩니다.

맛있는 음식이 파생시키는 경제적 효과와 지역의 이미지 쇄신을 고려하면 우리 지역만의 대표 음식을 만들고 이를 외부에 홍보하는 일이 얼마나 중요한 과제인지 알 수 있습니다.

광주의 시민은 송정리의 떡갈비나 신안동의 오리탕, 그리고 5·18의 상징인 주먹밥을 대표 음식으로 떠올릴지 모르겠으나 떡갈비는 담양이나 전주에서도 팔고 오리탕은 오리의 종(種)이나 사육하는 방식이 특별한 것도 아니고 대표성은 조금 떨어지는 느낌이 듭니다. 주먹밥은 예산 지원을 통해 그 상징성과 의미를 홍보하고 있으나 주먹밥이 관광 상품과 지역의 대표 음식으로 경제성과 상품성이 있는지는 따지고 봐야 할 문제가 아닌가 생각합니다. 대표 음식이라는 것이 꼭 비쌀 필요는 없지만 경제적으로 이윤이 남고 상품성이 있어야 할 것입니다. 관광객에게 추천할 만한 메뉴여야 하며, 그들이 충분히 즐길 만한 먹거리여야 할 텐데 주먹밥은 그런 측면에서 다소 부족한 면이 없잖아 있습니다. 주먹밥은 5·18 기념식에서의 특식으로 그 의미를 되새기는 정도라면 모를까, 앞서 말한 여러 가지 부분에서 광주광역시의 대표 음식으로는 아쉽다는 생각이 듭니다.

그래도 특색 있는 것을 하나 꼽는다면 상추튀김이 아닌가 싶습니다. 외부인이 처음 상추튀김이라는 것을 들으면 당연히 상추를 튀긴 것으로 알았다가 튀김을 상추에 쌈 싸 먹는, 먹는 방식에서 비롯된 이름이라는 것을 알면 적잖이 재미있어합니다. 그래서 SNS에서도 잘 차려진 상추튀김 한 상의 사진이 신기하다는 반응을 끌어내며 화제가 되는 경우도 종종 있습니다.

예향·의향·미향의 도시 광주광역시에서는 이렇듯 미향에서 아쉬운 부분이 있습니다. 하지만 이렇게 다양한 음식의 집산으로 이루어진 음식 문화가 절대 잘못되었다고 생각하지 않습니다. 오히려 전라도의 모든 좋은 원재료가 모이고 그것이 통합되어 새롭게 하나의 요리로 만들어지는 것, 그것이 광주 음식의 강점이라고 할 수 있습니다.

광주에 여행 오면 전라도의 여기저기를 돌아다니지 않아도 그 지역들의 여러 맛있는 음식을 한꺼번에 맛볼 수 있다는 점에 집중하여 다양한 홍보를 하고 거기에 맞춰 관광 프로그램을 짜는 방향의 고민이 필요합니다. 그 고민의 하나로 시(市)가 아시아 음식 거리 조성이라는 정책을 추진한 적이 있습니다. 동구 ACC 옆에 큰 예산을 들여 진행했지만 지금은 두세 개 정도만 남아 있습니다. ACC가 있다는 이유로 동구에 '아시아 음식 거리'라는 이름을 달고 관련 음식점들을 입점시켰지만 큰 실효를 거두지는 못한 상황입니다. 비록 실패했지만 기획 의도는 좋은 사업이었습니다.

광주광역시에 오면 전라도의 여러 음식을 맛볼 수 있다는 점, 아시아문화중심도시 광주에 오면 다양한 아시아 현지의 음식을 맛볼 수 있다는 점은 충분히 개연성도 있고 스토리텔링도 가능합니다. 아시아 문화라고 하면 미술, 음악, 공연 같은 예술 분야를 먼저 떠올리지만, 음식 역시 인간에게 떼려야 뗄 수 없는 문화의 큰 축이니 충분히 사람들의 호응을 이끌어 낼 수 있습니다. 그렇다면 어떻게 추진해야 더 좋은 효과를 낼 수 있었을까요?

ACC 옆에 조성하였으나 잘되지 않은 원인을 분석해 보자면, 아시아 음식 거리가 만들어진 장소가 연관성이 충분한 곳이었다면 그래서 광주 시민이나 관광객이 수긍하고 가 볼 만한 곳이었다면 효과를 발휘하지 않았을까 싶습니다.

광주광역시에는 광주 시민도 잘 모르는 공간이 존재합니다. 바로 월곡동에 있는 고려인마을입니다. 이곳은 1860년 이후 러시아 연해주로 이주하여 독립운동과 경제 활동을 하며 이방인으로서 우여곡절 많은 삶을 살았던 한민족의 후손들이 2000년 이후 광산구 월곡동에 정착하여 살면서 공동체를 형성한 곳입니다.

이곳은 광주 시민에게도 굉장히 이색적인 곳입니다. 마치 해외에 와 있는 듯한 느낌을 풍깁니다. 각종 간판과 식당의 메뉴판들이 한글보다 러시아어가 주를 이루고 있고 주민들이 주고받는 언어와 음식들도 낯선 질감을 선사합니다. 인천의 차이나타운을 연상하면 쉽게 이해할 수 있을 것 같습니다. 주민끼리 유대감과 공동체 의식이 끈끈하여 관련 커뮤니티가 잘 형성되어 있고 관광 프로그램들도 마련되어 있습니다. 송정리역과 광주공항과도 가까워 교통도 용이합니다.

저는 이곳을 아시아 음식 거리로 재편하는 방안에 대해 고민하고 있습니다. 고려인마을을 중심으로 아시아 음식 거리를 만든다면 충분히 억지스럽지 않고 자연스러운 관광지로 자리 잡을 수 있을 거라 판단되기 때문입니다. 기본적으로 아시아 음식을 먹는 인구가 상주해 있고 이와 관련한 식당과 식자재 마트들이 영업을 하고 있으며 현지 분위기가 물씬 나는 인테리어의 상점들이 거리에 자리 잡고 있습니다.

여기에 조금만 더 지원해 주면 확장성도 높아 보이고 동구의 건물들에 비하면 임대료도 저렴합니다. 더구나 역사적, 문화적 근거도 있는 곳이기에 아시아 음식 거리로 조성하면 충분히 경쟁력을 가질 수 있으리라 생각합니다.

이렇게 복합적인 맛의 도시 광주광역시를 고민해 보면, 대표 음식의 개발도 포기할 수 없는 부분입니다. 저는 그것으로 김치를 꼽고 있습니다.

광주광역시김치축제가 올해로 30년이 되었습니다. 30년 동안 광주의 김치를 주창하고 있지만 일부 사람들은 해남의 배추에 신안의 소금, 영광의 고춧가루, 진도의 대파로 만든 김치가 어째서 광주 김치냐고 묻습니다.

하지만 다시 말하자면 이것이 광주 음식 문화의 특징이고 광주의 김치입니다. 한정식처럼 전라도의 모든 원재료가 한군데로 모이고 그것이 통합되어 새롭게 하나의 요리를 창조해 내는 것, 그것이 광주가 가진 강점이자 광주의 음식 문화입니다. 광주광역시는 전국에서 유일하게 김치타운이 만들어져 있고 그 안에 김치연구소가 있습니다. 김치연구소는 김치를 연구하여 시민에게 김치에 대해 알려 주고 김치 문화의 맥을 이어 가기 위해 만들어진 대한민국의 국가 기관입니다. 이런 곳이 연예인들 불러서 행사나 하고 김장 체험이나 하는 곳 정도로 쓰이고 있어 늘 안타까웠습니다.

올해는 이를 탈피하기 위해 광주 김치축제가 처음으로 '우주 최강 김치 파티'라는 이름으로 진행되었습니다. 음식과 콜라보된 김치를 만들어서 시민이 파티처럼 즐겨 보자는 취지로 '파티'라는 네이밍을 했고 라마다 호텔에서 파티를 해 보았습니다. 또 50명에서 100명이나 되는 인원이 상무시민공원에서 파티를 진행했는데 반응이 좋았습니다. 앞으로는 매번 어떤 주제를 정해서 우리의 김치축제가 많은 사람이 찾아올 수 있는 광주광역시의 큰 행사가 될 수 있도록 해 보자랜데에 관계자들이 뜻을 모았습니다.

광주김치타운은 단순히 광주광역시가 '김치를 선점했다. 김치를 가지고 축제도 하고 공모전도 하고 김장 대전도 한다.' 이렇게 보이는 것에 머무는 것이 아니라 더 발전적인 행보를 할 수 있는 랜드마크가 되어야 합니다. 김치를 산업으로 발전시키기 위한 거점으로 만들어야 합니다. 30년이라는 세월 동안 김치축제를 하며 공모하고 개발한 김치의 종류가 수십 가지가 될 텐데 이 가운데 상품화되어 시판되는 것이 거의 없습니다. 이것은 공모를 위한 김치이기 때문입니다. 김치를 산업화한다는 것은 상품화한다는 것입니다. 상품화한다는 것은 돈을 받고 김치를 판다는 것입니다. 그러기 위해서는 특이한 재료에 특별한 조리법이 아니라 장기간 보관, 쉬운 제조, 저렴한 단가와 포장, 배달 등 여러 가지 측면을 고려하여 개발해야 합니다.

성공적인 김치의 산업화를 이루기 위해서는 광주의 김치라는 브랜드의 개발도 간과해서는 안 됩니다. 예를 들면, 광주광역시에서 좋은

재료를 엄선하여 위생적으로 깨끗하고 안전하게 제조된 김치라는 점을 부각시킨다든가 이번 김치축제에서 대통령상을 수상한 명인의 김치라는 점을 강조한 김치를 내놓는 것입니다. 이러한 김치로 맛에 대한 믿음과 안전에 대한 신뢰가 가는 브랜드를 개발하여 성공적으로 정착시킬 수 있다면 광주의 김치는 산업적으로 성공할 수 있을 것입니다.

이런 광주 김치의 미래를 위한 브랜드화 전략과 함께 광주의 김치를 지원해 주는 사업을 시(市) 차원에서 시행하려고 합니다. 중국산 김치를 쓰지 않고 광주 김치를 쓰는 업소에 일정 부분을 지원해 주고 광주 김치를 쓰는 곳이라는 인증을 해 주는 방식입니다. 이러면 손님들도 안심하고 맛있게 먹을 수 있고 입소문이 나면서 광주광역시를 방문하는 관광객들이 광주 김치를 사용하는 업소를 방문해, 경제적 효과도 날 것이라는 기대를 담은 정책입니다. 처음 시행하는 것이기 때문에 영세한 소상공인들을 우선으로 한 후, 점차 확대해 나갈 계획입니다.

광주광역시를 일컫는 말 중에 가장 많이 쓰는 말이 예향·의향·미향입니다. 저는 삼향(三鄕)에 한 가지를 더 추가하고 싶습니다. 그것은 바로 취향입니다. 광주광역시를 일컫는 말에 '취향 저격의 도시'라고 하는 것이 꼭 들어갔으면 하는 바람입니다. 사람들의 취향은 그 가치와 기호, 선호가 다 다릅니다. 광주광역시라는 커다란 지자체의 입장에서 시민의 취향을 반영한다면 이는 행정 서비스에 우선 적용되어야 할 것입니다.

그러기 위해서는 시(市) 행정도 훨씬 더 개인 맞춤형으로 달라져야 할 것입니다. 복지 시스템이든 행정 관련 민원이든 카카오톡으로 보내주는 게 좋다는 사람도 있고, TV나 신문 광고가 더 낫다고 하는 사람도 있을 겁니다. 그러나 시(市) 행정은 그렇게 맞춤형으로 시민에게 전해지고 있지 않습니다.

제가 문재인 정부의 청와대 청년 비서관을 할 때 정책을 개인에게 맞게 배달해 주자는 정책을 추진한 적이 있습니다. 청년 정책이라는 것에 국한해서만 보더라도, 우리나라는 법적으로 18세부터 34세까지가 청년인데 이렇게 하면 고등학생도 청년입니다. 대학생도 청년이고 대학을 안 간 이들도 청년이고, 군대를 간 남자, 군대를 가려고 휴학

중인 남자, 다녀와서 복학을 준비하는 남자, 군대와 상관없는 여자도 청년입니다. 취업을 준비하는 청년, 취업에 성공해 출근 중인 청년, 결혼과 출산을 한 청년 등 모두에게 각각의 생애 주기가 있습니다. 그런데 모두에게 동일한 내용의 정책을 똑같은 방식으로 알려 주었습니다. 카카오톡으로 무조건 메시지를 보냅니다. 이러이러한 청년 정책이 있으니 관심 있으면 관련 사이트에 들어가서 확인하라는 식입니다.

하지만 대학생에게는 결혼 준비 정책이 필요가 없을 것이고, 군대 입대 전후에 휴식기를 보내고 있는 남자를 위한 정책은 여자에게는 전혀 의미가 없는 정책일 것입니다. 이것이 얼마나 비효율적이고 비생산적입니까?

국가가 개개인에 대해 모르니까 그럴 수 있다고요? 아닙니다. 국가에는 이미 필요한 모든 데이터와 정보가 있습니다. 군 입대 영장은 누가 보냅니까? 국가가 보냅니다. 예비군, 민방위 시기에 맞춰서 딱딱 통지를 보냅니다. 이미 그 남성에 대한 나이와 거주 등의 정보가 있기 때문에 가능합니다.

여성이 직장을 다니면서 육아를 하면 아이사랑카드를 발급받습니다. 아이 수당을 받기 위해 계좌 정보까지 제공합니다. 그러니까 국가는 이 여성이 몇 살이고 어디에서 무슨 일을 하며 아이는 몇 살이고 어느 어린이집에 다니는지 등의 행정 서비스에 필요한 모든 정보를 가지고 있습니다. 그러니 정보나 데이터가 부족해서 맞춤형 행정 서비스를 제공할 수 없는 것은 아닙니다. 이것은 의지와 노력의 문제입니다.

저는 광주광역시에 이러한 개개인의 취향에 맞고 필요에 맞는 행정 서비스가 제공될 수 있도록 AI를 활용한 데이터 활용 체계와 정보 제공 서비스 네트워크를 개발하려고 합니다. 일상 속에서 누리는 AI, 편리하고 쉬운 행정을 제공하는 광주광역시를 위한 노력이 제 정책 비전의 방향입니다.

5장

내일이
빛나는 광주

창업 성공률이 높은 기회의 도시

최근 타 지역에서 광주를 방문한 기업인들이 공통으로 전하는 메시지가 있습니다. "광주 분위기가 달라졌다.", "광주 기업에 투자를 고려하는 투자사가 많다."라는 이야기가 나오고 있습니다. 광주가 창업 친화적인 도시로 바뀌고 있다는 고무적인 반응입니다. 이런 창업 도시로의 변모는 광주를 창업 성공률이 높은 도시이자 기회의 도시로 만들기 위해 열정적으로 뛰어 온 광주시의 노력의 결실이겠지요. 특히 창업 도시 광주의 마중물이 될 핵심 사업으로 창업 기업 실증 지원 사업이 대표적으로 손꼽히고 있습니다.

2022년 7월 7일, 민선 8기 광주광역시 첫 문화경제부시장으로 임명받았을 때 강기정 시장님의 말씀이 아직도 또렷하게 떠오릅니다. "새로운 광주 시대를 여는 발걸음에 함께해 주길 바라며, 광주가 활력이 넘치고 기회가 넘치는 도시로 성장하는데 혼신의 노력을 다해 줄 것으로 기대한다."라고 하셨지요.

시장님의 말씀은 광주 시민이 부시장에게 바라는 진중한 당부와 기대이기도 할 것입니다. 시장을 잘 조력하는 것이 부시장의 가장 큰 업무이겠으나 더불어 이런 기대에 부응할 수 있는 '내가 꿈꾸는 도시의 상(像) 하나는 만들어 봐야겠다.'라고 생각했습니다. 그 고민 끝에 나온 것이 '실증 도시 광주'였습니다. 그래서 저는 취임사에서, 광주라는 공간을 테스트 베드(Test Bed)로 만들겠다는 포부를 밝혔습니다. 즉 기술과 창업 분야에서 단순히 지원금만 주고 생색내는 기관의 관행을 타파하고 실질적인 도움을 주겠다는 것입니다.

창업에 있어서 그동안 대부분의 지자체가 창업률에만 집중했습니다. 그래서 대부분의 지역이 내거는 슬로건이 '창업하기 좋은 도시'였습니다. 그러나 광주시 민선 8기 슬로건은 창업하기 좋은 도시를 넘어 '창업 성공률이 높은 도시'입니다. 사실 창업률 지표를 분석해 보면 80%가 카페, 분식점 등 소상공인 창업입니다. 광주시가 말하는 창업 성공률이 높은 도시는 소상공인 지원 사업을 넘어 기술 창업을 말합니다. 민선 8기에서는 소상공인 창업과 기술 창업을 분리해 혁신기술 창업을 적극적으로 지원하며 지역 경제와 산업을 성장시키겠다는 것입니다.

물론 창업에 있어 현실적으로 광주가 갖는 단점이 많습니다. 서울과의 거리가 멀다는 지리적 한계가 큽니다. 지난 11월 중기부에서 주관하는 우리나라 대표 창업 기업 축제인 '컴업(COMEUP 2023)'을 다녀왔습니다. 행사가 서울 동대문디자인플라자(DDP)에서 열렸는데, 중기부 관계자가 이런 얘기를 전했습니다. "테헤란로에 있는 많은 창업 기업들이 DDP 행사장에 오지 않습니다. 행사를 강남의 코엑스에서 하지 않고 왜 이렇게 멀리 강 건너의 DDP에서 하는지 모르겠다며 불만을 표출하더라고요." 서울 안에서도 행사장이 강남인지 아닌지에 따라 업체들의 참여가 다른 게 현실인데, 광주야 오죽하겠습니까?

그렇다면 우리 광주만의 강점으로 제시할 수 있는 것은 뭘까요? 지원금이나 보조금은 다른 지자체도 다 줄 수 있는 것이니 그것 말고 다른 것은 없을까요? 그동안 많은 기술 창업 기업을 만나 보니 대부분 혁신적인 기술을 적용한 제품이나 서비스를 개발하고도 실증 자료를 확보하지 못해 시장 진출에 어려움을 겪고 있었습니다. 기업이 개발한 혁신 기술 제품의 안정성과 성능 테스트를 위해서는 기업이 개별적으로 실증 장소를 섭외하거나 공공기관의 실증 지원 사업을 일일이 찾아야 하는 등 애로가 많았습니다.

좋은 기술력과 제품을 테스트해 볼 공간이 필요한 기업에 저는 광주를 테스트 베드로 내드리고 싶습니다. 테스트 베드가 필요한 기업들을 기꺼이 광주로 초대하고 싶습니다. 그래서 광주 도심 곳곳이 최신 기술력을 가진 제품의 실증 테스트장이 될 수 있도록 하고 싶습니다. 이는 광주 시민에게도 좋은 반향을 일으킬 거라 생각합니다. 신기술이 접목된 다양한 제품들을 다른 지역 사람들보다 먼저 접할 수 있다는 것, 꽤 매력적인 일이 아닙니까? '창업 혁신 기술 실증 테스트 베드, 광주'가 제가 제시하는 광주의 강점이고 향후 광주가 창업 성공률이 높은 도시가 되는 가장 큰 포인트라고 생각합니다.

올해 광주시는 6월 창업 기업을 대상으로 '2023년 창업 기업 제품 실증 지원 사업'을 시행했습니다. 광주 도시 전역을 실증 공간으로 개방하고 혁신 제품과 서비스를 현장(테스트 베드)에 적용해 사용자 반응과 시장 적용 가능성 등 데이터를 충분히 확보할 수 있도록 지원하고 있습니다. 현재 18개 기업에 공간을 내드리고 있습니다. 예를 들면, 스트레스 지수를 파악하고 실증할 수 있는 공간을 원하는 기업에게 시청 1층의 장소를 마련해 주었습니다. 호수에 배를 띄워서 순수 태양열만으로 움직이고 물을 자동으로 정화하는 제품을 테스트하고 싶어 하는 업체가 있어 쌍암제를 내드렸습니다. 한 기업은 맨홀 뚜껑에 인공지능(AI) 기술을 부여해서 맨홀 추락 사고를 방지하고 싶다고 해서 광주 시내의 특정 공간을 내드렸습니다. 이 업체는 재해 재난 안전장치를 개발하는 업체였는데 신제품으로 맨홀 안전 커버를 만들었습니다. 이것은 기존의 맨홀 뚜껑 바로 아래에 안전 커버를 설치해 맨홀 뚜껑이 폭우 등으로 열리더라도 맨홀 안으로 사람이나 차량의 바퀴가 빠지지 않도록 한 것이었습니다. 재해 재난 예방을 위해 꼭 필요한 제품이었고 실제 도심에서 실증 테스트가 필요한 제품이었습니다.

창업 성공률이 높은 도시를 만들기 위해 광주시는 11월 '기업실증 원스톱지원센터'를 열어 혁신 기술을 보유한 기업의 실증을 종합적으로 지원하고 있습니다. 지원 창구를 일원화하고 시와 관계 기관 협력을 통해 공공 부문을 중심으로 한 실증 장소 제공뿐만 아니라 기존 실증 지원 사업과 연계될 수 있도록 맞춤형 지원을 할 계획입니다.

이처럼 각 기업들이 원하는 공간을 광주가 빌려주어 광주에서 혁신 기술 실증이 이뤄지는 것, 이것이 제가 꿈꾸는 창업 도시의 미래상입니다. 그러나 이 미래상을 그려 가는 과정에서 창업 관련한 보조금 얘기를 많이 듣습니다. 그중에서도 많이 듣는 얘기가 광주 기업에게만 보조금을 줘야 한다는 것입니다. 하지만 저는 꼭 그래야 할 필요는 없다고 생각합니다. 많은 사람이 세계적인 창업 도시로 실리콘밸리를 꼽습니다. 그런데 지금까지 실리콘밸리에서 성공한 기업들의 고향이 모두 실리콘밸리일까요? 그러지 않습니다. 미국의 각 도시에 흩어져 있는 기업들이 창업하기 위해 실리콘밸리를 찾듯 세계 곳곳에서 창업의 부푼 꿈을 안고 실리콘밸리로 향합니다. 그곳에서 스케일 업(scale up)을 하고 유니콘(unicorn, 기업 가치가 10억 달러 이상인 스타트업 기업)까지 이루고 나면 공장을 실리콘밸리에 설립할까요? 그러지 않습니다. 대부분이 다른 지역으로 떠납니다. 하지만 그들은 늘 말합니다. 나는 실리콘밸리 출신이라고.

제 목표는 '광주에서 창업했느냐? 광주 출신이냐?'가 아니라, 10년 후쯤 스타트업 생태계에서 '너 광주를 거쳐 왔어?'라는 말을 듣는 도시, 그렇게 회자될 수 있는 도시를 만드는 것입니다. 광주를 마치 대한민국의 실리콘밸리처럼 만들고 싶은 것입니다. 그러니 광주에서 꼭 창업하지 않아도 좋습니다. 광주를 실증 공간으로 활용해 보라는 것입니다. 이를 통해 성공한 창업 기업이 어디를 가더라도 "우리 기업이 이렇게 성장한 것은 광주가 테스트 베드가 되어 주었기 때문이다. 광주에서 실증을 마친 제품으로 조달청의 혁신 조달 제품을 인증받았다. 덕분에 우리가 전 세계에 이렇게 제품을 팔 수 있게 됐다."라고 말할 수 있는 시대가 왔으면 하는 바람입니다.

테스트 베드 광주는 광주 시민에게도 새롭고 신선한 행복을 안겨 줄 것입니다. 누구도 경험해 보지 않은 새로운 기술을 일상 곳곳에서 체험할 수 있게 될 테니까요. 신기술이 접목된 다양한 제품들을 경험한 시민들은 광주가 공허한 말뿐인 AI 도시가 아니라는 걸 느낄 것입니다. 테스트 베드를 통해 늘 이용하는 버스 정류장의 시스템이 다른 지역과 달리 최첨단화되었다든지, 도서관의 도서 대출 시스템이 혁신적이어서 시민이 편리함을 피부로 느낄 때, 비로소 시민도 실증 도시 광주가 얼마나 매력적인지 체감할 것입니다. 최첨단과 혁신적인 기술력을 가진 제품들을 돈 한 푼 들이지 않고 다른 도시보다 빨리 시민들에게 제공할 수 있다는 것, 참으로 매력적이지 않습니까? 그렇게 광주를 테스트 베드로 만드는 것, 이것이 제가 꿈꾸는 창업 성공 도시의 핵심입니다.

일상에서 누리는 AI

올해 10월에 열린 '제20회 광주 추억의 충장축제(이하 충장축제)'는 국내 최대 도심 축제로, 닷새 만에 무려 80만 명이 찾아 대성황을 이루었습니다. 특히 축제의 하이라이트인 거리 퍼레이드가 열리던 8일 오후 6시께 광주 동구 5·18민주광장과 충장로, 금남로 일원은 골목길 곳곳마다 인파로 발 디딜 틈조차 없었습니다. 다행히 몰려드는 인파에도 사고가 한 건도 발생하지 않았습니다. 사람이 밀집된 골목길마다 안전 요원들이 배치돼 인파를 분산시키고 혹시 모를 사고를 대비했기 때문입니다. 덕분에 축제에 참여한 방문객은 곳곳에 배치된 안전 요원들의 안내에 따라 안전하게 축제를 즐길 수 있었습니다. "안전 요원을 배치하는 데 너무 많은 비용을 쓴 거 아니야?" 혹자는 예년보다 더 많은 안전 요원을 보며 우려를 표하기도 했습니다. 하지만 전년과 동일한 비용으로 더 효율적인 안전 관리를 했습니다.

이것은 광주시가 지원한 첨단 IT 기술을 접목한 '인파 관리 시스템'을 통해 축제장의 인파 밀집 상황을 실시간으로 확인하고 위험 상황에 즉시 대처했기 때문입니다. 이는 지난해 159명의 희생자를 낸 10·29 이태원 참사 이후, 달라진 지자체 인파 관리 시스템입니다. 특히 광주시는 'AI 선도 도시'로서 통신 데이터 정보를 활용한 '실시간 인파 관리 서비스'를 도입하여, 호남권 최초로 충장축제에서 시범 운영하였습니다.

인파 관리 서비스는 축제 참여 인원의 실시간 통신 인구 데이터를 활용하는 것으로, 통신사인 KT 가입자를 대상으로 실시간으로 위치를 확인해 인파 밀집 상황을 통보해 줍니다. 이날 KT 핸드폰의 위치를 파악해 집계된 축제 현장 내(內) 인파는 2만 5천 명에 달했습니다. 이는 KT 통신사 가입자만을 집계한 것으로 다른 통신사의 가입자까지 합산하면 현장에 모인 인파는 10배 이상으로 추정됐고, 갑작스럽게 몰리는 돌발 상황도 대비해야 했습니다.

5·18민주광장 시계탑 앞에 설치된 '안전 관리 현장 상황실'에서는 통신 인구 데이터를 통해 금남로, 충장로, 예술의 거리 등 일부 구역에서 인파 관리 시스템에 빨간색 경보등이 켜지자 광주시·동구청·소방·경찰에 밀집 상황을 실시간으로 알렸습니다. 상대적으로 덜 붐비는 곳에 있던 안전 요원을 사람이 몰리는 현장으로 신속하게 이동시켰고 이런 발 빠른 대처로 축제를 안전하게 마칠 수 있었습니다.

이처럼 올해 충장축제에 적용해 눈길을 끌었던 빅데이터를 활용한 '실시간 인파 관리 서비스'는 대한민국 인공지능(AI) 대표 도시 광주가 AI 산업을 육성할 뿐만 아니라 시민이 일상에서 AI 기술을 누릴 수 있도록 한 노력이 빛을 발한 것입니다.

또 다른 예로, 광주의 한 음식점에서는 AI 로봇이 손님에게 음식 서빙을 합니다. 뜨거운 음식도 척척 옮기고, 흥겨운 노래에 "맛있게 드세요."라고 인사까지 곁들여 특별한 서빙을 하고 있습니다. 서빙 로봇을 빌려 쓰는 비용은 한 달에 약 65만 원입니다. 사람을 구하기 어려운 음식점 업주는 높은 인건비와 구인난을 해결하고, 서빙하는 로봇에 로고송을 넣어 홍보 효과도 톡톡히 보고 있습니다. 음식점 업주들은 "사람을 쓸 때보다 비용이 5분의 1 수준에 불과하고, 직원들의 피로도 또한 감소해 음식과 손님 응대에 온전히 집중할 수 있는 장점이 있다."라고 만족감을 전했습니다. 이를 증명하듯 서빙 로봇을 도입하는 음식점이 점점 늘고 있습니다.

로봇은 이미 로봇청소기로 대중화되었고, 이제는 요식업뿐 아니라 관공서도 비용 절감과 업무 효율 증대를 위해 다양한 분야에서 로봇을 활용하고 있습니다. 광주 동구는 다회용 컵 사용 활성화를 위해 청사 내에 AI 회수 로봇을 설치했습니다. 서구는 치매 사업 분야 최초로 AI 기능을 접목한 돌봄 로봇을 도입해 어르신의 건강과 안전을 돌보는 데 다양한 서비스를 지원하고 있습니다. 남구의 경우, 청사 1층 민원실에 AI 방역 로봇을 비치해 실시간으로 소독을 실시하고 있습니다. 최근에는 대형 청소차가 진입하지 못하는 좁은 골목에서 쓰레기 청소와 제설 작업까지 가능한 청소 로봇을 추가 투입했고, 북구도 재활용품을 스스로 구분해 수거하는 '인공지능 재활용품 수거 로봇'을 가동 중입니다. 광산구는 수완나들목과 어룡동 상가 등에 서빙 로봇은 물론 스타일링·피팅 등을 가상으로 체험한 후 구매할 수 있는 '스마트 미러' 등을 도입해 골목 상권에 스마트 기술을 입혔습니다.

5·18민주광장에도 이런 AI 안내 로봇이 있다면 어떨까요? 관광안내소가 있기는 하지만 광장이 워낙 넓다 보니 관광안내소를 찾아가서 물어보기가 쉽지 않습니다. 하지만 필요한 장소마다 안내 로봇을

여러 대 두면 관광객이 필요한 정보를 물어보기 편하고, 원하는 목적지까지도 안내해 줄 수 있을 것입니다. 문자 입력뿐 아니라 음성으로도 간단한 정보 입력과 전달이 가능하고, 지정된 장소까지 이동하는 게 어렵지 않습니다. 이미 서울시는 로봇에게 주무관이라는 공무원 직책도 부여했습니다. 그 로봇 주무관이 부서별로 택배를 배송하고, 서류도 전달하고 있습니다. 그러니 로봇이 관광 안내를 하는 것도 어려운 일이 아닙니다.

AI 기술은 비단 로봇에 그치지 않습니다. 늘어나는 주택가의 상습적인 불법 쓰레기 투기 문제에도 AI 기술을 활용해 해결에 나섰습니다. 언택트(untact) 소비 문화로 쓰레기가 증가하면서 원룸 주변 주택가에서는 불법 쓰레기 투기가 골치입니다. 불편을 호소하는 주민의 민원이 많았지만, 지자체 CCTV를 통한 단속만으로 불법 쓰레기 투기를 막기엔 무리가 있었습니다. 대학가 인근의 원룸 밀집 지역인 광주 북구는 254대의 CCTV를 운영하고 있으나, 인력으로 CCTV 영상을 확인하고 단속하는 데 너무 많은 시간이 할애됩니다.

이런 민원을 해결하고자 CCTV에 AI 기능을 탑재한 지능형 영상 분석 서비스를 시범적으로 운영하고 있습니다. 지능형 영상 분석은 영상 속 객체를 식별하고 행동을 통해 상황을 인지해 스스로 판단하는 AI 기술입니다. 사람들의 행동에 대해 AI가 스스로 판단해 알려주기 때문에 사람이 24시간 모니터를 주시할 필요가 없습니다. 특히 버림 감지 기능은 쓰레기 무단 투기 상황에 즉시 대응할 수 있도록 시스템화되어 있어 불법 쓰레기 투기 문제를 해결하는 데 큰 도움이 될 것으로 기대되고 있습니다.

이처럼 AI는 다양한 민생 문제를 해결하는 데 유용한 도구가 될수도 있고 시민 편익을 증가시킬 수도 있습니다. 세상을 바꾸는 AI의 활용은 눈에 보이는 것도 있지만 우리 눈에 보이지 않은 것도 많습니다. 그중의 하나가 시민이 AI를 체감할 수 있도록 한 여러 가지 정책입니다. 이름하여 체감형 인공지능(AI) 대표 실증 도시 광주입니다.

광주광역시는 지난 2020년부터 예비 타당성 조사 면제를 통해 4천 2백억의 예산을 받아 국가AI데이터센터를 건립한 것을 시작으로 인공지능(AI) 도시를 표방해 오고 있습니다. 그동안 AI 인프라와 인재 양성, 기술 개발(R&D)을 중심으로 AI 생태계를 구축해 왔다면 이제는 시민이 체감할 수 있는 AI 실증 도시 광주를 만들기 위해 6천억 규모의 새로운 사업을 실천에 옮기고 있습니다.

먼저 시민이 직접 느낄 수 있는 AI 기술을 통해 도시의 문제와 시민의 삶을 개선하고자 한 것이 바로 그것입니다. AI로 지하차도 침수 모니터링, 실시간 버스 도착 안내, 스마트 가로등, 스마트밴드 기반 독거노인 돌봄 시스템 등 도시 곳곳의 문제를 해결하고자 하였습니다. 특히 승강장과 시차가 있어 버스 도착 시간이 정확하지 않던 부분이나 광주천의 수질 등 고질적인 문제를 해결하는 데 AI 기술이 적용됩니다.

영유아 원생의 활동 사진을 공유하는 AI 서비스도 있습니다. AI 기술을 활용해 아이들의 사진을 자동으로 인식하고 분류해 학부모에게 전송하는 모바일 애플리케이션입니다. 어린이집 선생님이 매일 아이들의 사진을 찍어 학부모에게 보내 주는 것처럼, 플랫폼을 만들어 AI 설루션을 적용하면 AI가 사진을 찍어 해당 학부모에게 바로 보내 주는 서비스입니다. 어린이집이나 유치원 교사의 과중한 업무를 줄여, 선생님이 아이들을 돌보는 데 온전히 집중할 수 있게 해 줍니다. 학부모님들은 안심하고 아이를 맡길 수 있어서 좋겠지요.

이 외에도 자영업자들이 홍보 포스터나 웹 광고를 만들 때, 사진만 찍으면 디자인을 해 주는 설루션을 비롯해 AI 매장 관리 플랫폼, 디지털 마케팅 통합 AI 설루션 등 비즈니스를 위한 기술도 선보입니다. 시민의 건강을 보조할 AI 기술로는 노인용 AI 인지 훈련·정서 케어 플랫폼, AI 기반 개인 맞춤형 식단, 우울증 AI 진단 설루션 등의 기술이 있습니다. 또 AI 출결 시스템, 언어 생성 AI를 통한 메타버스 기반 모바일 영어 학습 서비스 등 교육과 학습 분야에서도 만나볼 수 있습니다. 그 밖에 소규모 취약 시설 안전 점검 플랫폼 등 안전·방범·방재 기술, 사용자 맞춤 음악 추천 라디오 서비스, 숏폼 영상 AI 필터 등 문화 분야에서도 폭넓게 경험할 수 있습니다.

시민이 느끼고 경험할 수 있는 AI 기술을 우리 시(市)의 예산으로만 제공하는 것은 어렵습니다. 앞서 말씀드린 광주를 혁신 기술의 테스트 베드와 실증 도시로 만들겠다는 것도 AI 도시를 만들기 위한, 하나의 수단입니다. 이 실증 도시와 테스트 베드를 잘 활용하면 우리는 큰돈을 들이지 않고 여러 가지 새로운 기술을 시민에게 선보일 수 있기 때문입니다.

시민이 필요로 하거나 혹은 불편을 느끼는 문제에 대해 기업들이 해결할 수 있게 적극적으로 지원할 계획입니다. 내년부터는 추가 사업 중 하나로 광주 시내 곳곳에 실증 큐브 박스를 설치하려고 합니다. 흡연실 크기의 큐브 박스를 설치해, 그곳에서 사람들이 다채로운 체험을 하고 기업에서는 그 데이터를 모으도록 합니다. 장기적으로 보면, 기업은 데이터를 모아서 필요한 곳에 활용하고 서비스를 이용한 시민은 데이터 수익금을 얻어가는 선순환 구조입니다.

예를 들어 당뇨에 대한 데이터를 모으고 싶은 기업이 있습니다. 그런데 당뇨에 관한 기존의 데이터는 대부분 당뇨 환자를 대상으로 한 것입니다. 이 기업은 일반인의 당뇨 발병률에 관한 데이터가 필요한데 말이죠. 이런 경우, 실증 큐브에서 일반 시민을 대상으로 지문 인증으로 당뇨 지수를 체크합니다. 이로써 기업은 필요한 데이터를 얻고, 참여한 시민은 자신의 건강 체크는 물론 일정 금액을 포인트로 받습니다.

이는 현재 실현 단계에 있는 사업으로, 송정역 앞에는 관광객이나 지역민 외의 여러 층위가 섞인 데이터를 모을 수 있는 실증 큐브를 설치하려고 합니다. 대학교 주변에는 주로 20대 젊은 층의 데이터를 요구하는 실증 큐브를 설치할 예정입니다. 이러한 것을 매년 늘려서 수십 개의 실증 공간을 만들면 데이터들이 집적될 겁니다. 기업들은 이 데이터를 활용해 기술과 서비스를 발전시켜 나갈 것입니다. 더불어 시민은 참여한 만큼 수익을 얻고 최신 기술을 경험할 수 있으니 일거양득(一擧兩得)이 아닐까요?

여기에서 그치지 않고 시(市)는 빅데이터를 활용해 보다 합리적이고 객관적인 데이터 행정을 활성화할 수 있을 것입니다. 현재 광주시는 대중교통과 복지 분야 등 시정 현안 곳곳에서 빅데이터를 활용해 정책 결정을 하는 등 성과를 내고 있습니다. 장애인 수요에 맞춘 저상버스 전환, 빅데이터 분석 결과를 토대로 공유자전거 정거장 재배치 작업을 진행하고 있습니다. 특히 광주시의 1인 가구가 26만 가구로 전체 가구의 40%를 넘는 점을 고려해 맞춤형 복지 정책에도 빅데이터를 활용하고 있습니다.

저는 장기적으로 광주에 공공 데이터 판매청을 만들어야 한다고 생각합니다. 현대 사회는 데이터 비즈니스라고 할 만큼 모든 데이터(정보)가 돈이 됩니다. 데이터 수요자와 공급자가 데이터를 사고파는 데이터 거래소가 있는데, 데이터 거래소 역할을 시가 맡는 것이죠. 시가 보유하고 있는 시민의 공공 데이터는 물론, 기업이 필요한 데이터가 있다면 시가 직접 시민에게 데이터를 사서 그것을 기업에 팔아 그 수익금을 다시 시민에게 되돌려주는 겁니다. 실증 큐브처럼 시민이 직접 참여해 데이터를 제공하고 기업에서 데이터 비용을 지급하는 방식이 아니라, 시(市)에서 주도하여 빅데이터를 활용해 데이터를 거래하는 겁니다. 이를 통해 시는 보다 실질적인 AI 행정을 펼칠 수 있으리라 생각합니다.

쉬운 예로, 제가 핸드폰에서 물병을 검색하면 페이스북이나 인스타그램에 물병 광고가 올라옵니다. 물병 회사는 SNS 업체에 광고료를 지불했을 텐데 정작 내 정보를 제공한 페이스북과 인스타그램이 저에게는 광고료를 주지 않습니다. 실은 데이터를 사용한 비용을 줘야 하는데 말이죠. 이처럼 기업들이 많은 비용을 지불하더라도 가명 정보(정보 일부를 삭제·대체하는 등 가명으로 처리하여 개인을 알아볼 수 없도록 한 개인 정보)를 사용하려고 합니다. 소비자의 다양한 데이터를 활용해 새로운 서비스나 기술, 제품을 개발하는 데 큰 도움을 얻을 수 있기 때문입니다.

또 다른 예를 들어 볼까요? 은행이 입출금 거래 패턴과 대출 연체의 상관관계를 모형화할 수 있는 익명의 데이터를 가지고 있으면, 신용평가 모형을 개발하려는 핀테크(FinTech, 금융과 IT의 융합을 통한 금융 서비스) 회사가 이를 사들여 신용평가 모형을 업그레이드하거나 수집된 정보를 바탕으로 맞춤형 상품 추천, 금융 상품 자문 등의 비즈니스를 할 수 있습니다. 만약 시에서 은행의 역할을 대신해 시민들에게 데이터를 사서 안전하게 관리하고, 수요 기업에게 이를 투명하게 판매하면 어떨까요? 풍암동 주민 중 40대 직장인의 소득별 출퇴근 패턴을 알고 싶은 기업이 있다면 시에서 개인 동의를 거쳐 수집된 축적된 데이터를 기업에게 파는 겁니다.

현재 이런 데이터를 사고파는 민간 데이터 거래소는 있지만 사업자들이 연합하여 공공기관화하거나 정부 유관 기업이 출자해 공인된 사업체는 아직 없습니다. 데이터 비즈니스에서 가장 중요한 것은 데이터의 정확성입니다. 인공지능 대표 도시인 광주시가 빅데이터를 접목해 직접 관리하는 공공 데이터라면 정보의 정확성과 신뢰는 담보할 수 있을 것입니다. 데이터를 제공한 시민은 자신의 정보가 불법적으로 악용될 우려 없이 수익이 생겨서 좋고, 기업은 꼭 필요한 데이터를 얻을 수 있어 좋습니다. 시는 데이터 거래 수수료를 통해 시민을 위한 시정을 펼칠 수 있으니 역시 좋습니다. 즉 거래 당사자 모두가 만족할 수 있는 수익 모델이라 할 수 있습니다.

AI를 통해 광주 시민 누구나 일상의 편리함을 누리고 수익도 챙길 수 있다면, 이것이야말로 오늘의 실증으로 내일을 경험하는 시민 체감형 AI 도시 광주의 청사진이 아닐까 싶습니다. 이게 바로 제가 온 힘을 다해 뛰는, 결코 멈출 수 없는 결승 지점입니다.

미래차 도시로 질주!

올 한 해 광주광역시는 미래차 선도 도시를 향해 거침없이 달려왔습니다. 미래차 국가산단과 미래차 소재·부품·장비 특화 단지 지정에 이어 중기부 프로젝트에 2개 과제가 동시에 선정돼 더욱 힘을 얻었습니다.

광주가 미래차에 이처럼 열정을 쏟는 이유는 뭘까요? 광주는 연간 72만 대의 자동차 생산 능력을 갖춘 국내 유일의 완성차 공장을 보유하고 있습니다. 울산에 이어 국내 2위의 자동차 생산 능력을 갖춘 도시로 국내 자동차 생산 능력의 약 12.6%를 차지하고 있습니다. 광주의 자동차 산업은 관련 종사자만 2만 명이 넘으며, 지역 제조업 전체 매출액의 43%를 차지할 만큼 지역 경제를 지탱하는 주력 산업입니다. 더욱이 광주글로벌모터스(GGM)는 우리나라에 23년 만에 들어선 완성차 공장으로, 광주시가 노사(勞使)와 함께 만들어 낸 국내 제1호 상생형 지역 일자리이기도 합니다.

그런데도 광주 시민은 물론 많은 이가 광주가 자동차 도시라는 것을 잘 모릅니다. 사실 자동차의 여러 부품 생산 공장은 광주가 전국의 3.3%에 그칩니다. 그마저도 대부분 내연기관차 부품 생산을 위주로 하고 있습니다. 그러니 중요 기술이나 핵심 부품은 거의 타지(他地)에서 가져오고 있습니다. 광주는 외관만 조립하는 산업 구조인 것입니다. 이는 노동 집약적인 데다 부가가치가 높지 않습니다. 그뿐만 아니라 대부분 공장 시설 노후화로 생산성 저하와 제조원가의 경쟁력 한계를 겪고 있습니다.

더구나 세계적으로 자동차 산업은 내연기관차에서 미래차로 빠르게 바뀌고 있습니다. 유럽연합을 비롯해 미국, 일본 등 선진 자동차 국가에서는 미래차 개발을 위해 이미 '총성 없는 전쟁'이 치열한 상황입니다. 하지만 기존의 내연기관차 업체가 미래차로 전환하는 것이 쉽지 않으니 지역 자동차 산업의 쇠퇴는 정해진 순서처럼 보였습니다. 오랜 시간 지역 경제의 주축이 돼 주었던 광주의 자동차 부품 기업들은 다음 세대에게 더 이상 가업을 물려줄 생각이 없다고 합니다. 이는 곧 지역 경제에도 큰 타격을 줄 것으로 예상됩니다.

이러한 지역 경제의 크나큰 위기를 극복하기 위해 광주시는 민선 8기 핵심 공약으로 '미래 모빌리티 선도 도시 조성'을 내걸었습니다. 그런 만큼 내연기관 자동차 퇴출에 대비해 지역 부품 기업 생존을 위한 미래차 전환 추진에 전력을 다해 뛰고 있습니다. 단순히 생산 대수를 늘리는 차원이 아니라 지역 부품 기업들의 기술 경쟁력을 높이고 부품 산업을 고도화, 첨단화하는 것을 목표로 했습니다.

그 노력의 성과가 기쁜 소식들로 돌아왔습니다. 올해 3월 '미래차 국가산단'에 이어 7월에는 '미래차 소재·부품·장비(이하 소부장) 특화단지' 유치가 확정됐습니다. 이번 선정을 계기로 광주시는 산업 용지 확보, 미래차 전환 등의 과제를 해결할 수 있는 자동차 산업 활성화에 속도를 낼 수 있게 됐습니다.

PART 2 기회도시 광주 사용법

그동안 광주시는 2009년 지정된 자동차 전용 산업 단지인 빛그린 국가산단의 분양률이 91%에 이르면서 산단 공급에 어려움을 겪어 왔습니다. 통상 신규 산단 조성에 10년 이상이 소요되는 점을 감안하면 신규 국가산단은 꼭 필요하고 시급했습니다. 민선 8기에 들어서자마자 광주시는 지난해 10월 신규 국가산단 공모에 참여, 19개 지자체와 치열한 경쟁을 펼친 끝에 신규 국가산단 유치에 성공했습니다. 이는 빛그린국가산단 이후 14년 만의 쾌거였습니다.

미래차 국가산단은 2030년까지 약 100만 평 규모로 조성되며, 사업비 6,647억 원은 산단 개발을 통해 조달할 계획입니다. 특히 완성차 공장 광주글로벌모터스(GGM)와 인접해 부품 기업을 집적화할 수 있게 돼 물류비 절감이 기대됩니다. 다행히 사업의 빠른 추진을 위해 정부도 적극 나서고 있습니다. 시(市)는 정부의 빠른 기조에 맞춰 부처 간 협력을 통해 최대한 산단 개발을 앞당길 계획입니다.

이어 지난 7월 광주시는 '미래차(자율차) 소부장 산업 특화 단지'로 선정돼 미래차 선도 도시로 나아가는 중요한 전환점을 맞게 됐습니다. 이에 따라 '미래차 소부장 특화 단지'에 오는 2028년까지 사업비 6,000억 원을 투입해 기존의 빛그린국가산단은 완성차 특화 산단으로, 진곡 산단은 자율차 소부장 특화 산단으로, 신규 지정된 미래차 국가산단은 미래차 실증 특화 산단으로 조성할 계획입니다. 이 세

---

* 자율차 : 센서를 통해 사물을 인지해 통신으로 신호를 주고받으며 인공지능을 통해 판단 및 제어한다. 주변 환경을 인식해 위험을 판단하고 주행 경로를 계획해 운전자 조작 없이 운행이 가능한 미래차.

산단을 연계해 약 220만 평 규모의 미래차 산업 삼각벨트를 완성할 수 있게 됐습니다.

미래차 산업 삼각벨트 설계도를 살펴보면, 먼저 내연기관차 중심 부품 기업 약 568개가 모여 있는 진곡산단을 미래차 중심으로 빠르게 전환시키고자 합니다. 이를 위해 미래차 전환 지원 센터에서 근로자를 대상으로 미래차 전환 교육 프로그램을 운영할 예정입니다. 또한 기술 전환에 어려움을 겪는 기업에게는 전폭적인 기술·컨설팅·자금 지원 등을 통해 기술 전환을 유도하고, 이를 통해 자율차 부품 개발과 생산 클러스터(Cluster : 집적화)를 구축할 계획입니다.

한편 분양이 완료되고 입주가 한창인 빛그린국가산단은 완성차인 광주글로벌모터스(GGM)가 이미 '캐스퍼'를 생산하고 있으며, 전기차 생산을 독려하고 있습니다. 올해 전기차 시험 생산을 완벽히 마무리하고 내년 하반기부터 양산 체제에 본격 돌입할 예정입니다. 또한 3,030억 원을 투입해 설치한 친환경 자동차 부품 클러스터의 전자파 시험, 전기차 성능 시험 등 약 166종의 최첨단 장비를 활용해 인증·시험을 지원하고, 진곡산단에서 생산된 자율차 부품에 대한 성능 평가를 지원하는 등 완성차 생산과 인증 특화 단지로 집중 육성한다는 계획입니다.

신규 조성하는 '미래차 국가산단'은 계획 단계부터 자율차 실증을 목적으로 연구 및 기반 시설이 들어섭니다. 자율차 부품 상용화 센터를 구축하고 산단 내에 자율차 실증 도로 등을 만들 계획입니다. 국토부에서 개발 계획을 서두르고 있는 만큼 기반 시설 구축에 문제가 없을 것으로 기대하고 있습니다.

한편 광주시는 주요 기업의 투자 유치에도 적극 나섰습니다. 70개 기업이 약 1조 9천억 원의 투자 의사를 밝혔습니다. 지역 부품 기업 100여 개도 미래차로의 전환을 희망했고, 147개 기업이 새로 지정된 미래차 국가산단 입주 의사를 밝혔습니다. 또 광주글로벌모터스(GGM), LG이노텍, 한국알프스, 기아, 현대모비스 등이 협력 의사를 전했습니다.

더불어 광주시는 인지 센서, 제어 부품, 통신 시스템 등 미래차 핵심 기술인 자율주행 관련 부품 개발에도 집중할 계획입니다. 특히 소부장 특화 단지는 완성차 기업과 함께 자율주행 관련 소재·부품·모듈 기업 간 협력 체계를 구축하고 핵심 소재·부품의 자립률을 향상시키는 데 중점을 두고 있습니다. 시(市)는 이런 미래차 핵심 기술 부품 개발을 통해 자율주행차 부품의 국산화율을 50% 이하에서 80% 이상으로 끌어올릴 수 있을 것으로 보고 있습니다.

자율차 소부장 기술은 미래차로의 전환이 필요한 지역 부품 기업에게 필수적이기 때문입니다. 또 자율차 부품 기술이 지역 특화 산업인 가전 산업 전장(전기제어 장치) 기술, 광학 렌즈, 통신 모듈 등과 연관성이 높아 추후 전후방 산업(가치사슬에서 해당 산업의 앞뒤에 위치한 업종) 확대도 가능합니다. 경제적 파급 효과는 1만 6천 명 취업 창출, 3조 원의 생산 유발, 부가가치 1조 원의 경제 효과가 기대됩니다. 이로써 미래차가 광주의 미래 먹거리 산업이자 차세대 성장 동력이 될 것입니다.

지난 11월에는 광주시의 미래차 전환 명품 선도 기업 육성과 지역 성장 사다리 구축 등 2개의 과제가 중기부의 지역 특화 프로젝트에 동시에 선정됐습니다. 미래차 전환 지원에 국비 포함 745억 원, 명품 기업 육성에 554억 원 등 3년간 총 1,299억 원을 지원받게 됐습니다. 광주시는 이를 통해 지역 산업의 최대 약점이라고 할 수 있는 대기업 의존형 산업 구조를 개선하려고 합니다. 즉 지자체에서 주도적으로 미래차 전환을 희망하는 자동차 부품 기업들을 중점적으로 지원할 수 있게 된 것입니다. 지역 경제의 기둥이 되는 기업들을 탄탄하게 키워 가려는 것입니다. 연이은 쾌거로 미래차 선도 도시로서의 광주 입지를 더욱 공고히 할 수 있게 됐습니다.

　광주 미래차의 질주에 뜨거운 박수로 응원해 주십시오. 여러분의 응원에 광주시는 더욱 힘차게 달릴 것입니다. 내일이 빛나는 광주를 향해 미래차의 질주는 멈추지 않을 것입니다.

오늘 광주는 펀펀(fun fun)해!

"광주에는 왜 마켓컬리 새벽배송이 안 되나요?", "광주에는 왜 스타벅스 리저브 매장이 없나요?", "광주에 운전면허시험장은 언제 생기나요?", "공공 심야 어린이병원을 운영해 주세요." 4년 전, 강기정 당시 광주시장 후보의 선거를 도우면서 들은 말들입니다. 이런 말들은 심지어 '광주에 없는 20가지'라고 해서 인터넷에 그 목록이 뜨기도 했습니다.

그동안 제가 느낀 광주는 광역시로서 나름의 매력도 있고, 5·18민주화운동의 상징성도 갖춘 도시였습니다. 하지만 선거를 도우면서 들여다본 광주는, 공동체나 이념 혹은 국가적 어젠다(agenda)에 대해 관심이 많고 그것에 대해 역할을 충실히 해 왔지만 시민 개개인의 삶에 대한 관심은 부족하지 않았는지를 고민하게 되었습니다. 민주화의 성지를 넘어 오늘을 사는 광주 시민의 삶에도 관심을 가져야 하지 않을까 생각했습니다.

아니나 다를까, 지난 대선을 시작으로 광주에 없는 '복합 쇼핑몰'이 지역 정치권에 큰 파문을 일으켰습니다. 복합 쇼핑몰 논란은 지역 정치만의 화두가 아니라고 봅니다. 그렇다고 광주 시민의 '편리한 쇼핑 여건'을 바라는 열망만 작동했다고 보기도 어렵습니다. 복합 쇼핑몰 논란은 다수의 광주 시민이 정치권과 시정에 갑갑함을 호소하는 하나의 상징이 아닌가 싶습니다. 실제 광주 시민이 쇼핑할 공간이 부족해서 이렇게 화를 내고 있는 것이 아니란 것입니다. 이보다 더 중요한 것은 비수도권 청년 인구 감소라는 위기에 대응해야 하는 지방 대도시의 숙제, '도시의 미래상'을 그리지 못한 광주의 현실을 적나라하게 보여 주는 대표적인 사례라는 것입니다.

명색이 대도시인데 '대도시'라는 이름이 무색할 정도로 광주광역시는 145만 지역민을 위한 사회간접자본이 부족합니다. 전국의 광역시 가운데 가장 미흡한 편에 속한 것으로 거론되어 왔습니다. 2023년 기준으로 전국에 있는 트레이더스 홀세일 클럽과 코스트코의 현황을 보면 광주광역시를 포함한 전라도에는 단 한 곳도 없습니다. 왜 그럴까요? 그동안 광주광역시가 다수 시민의 목소리보다 목소리가 큰 특정 시민 단체와 힘 있는 정치권 등 몇몇 이익집단의 목소리에 더 귀를 기울이며 시정을 펼친 결과입니다.

비단 복합 쇼핑몰뿐만이 아닙니다. 광역자치단체 중 전국에서 유일하게 운전면허시험장이 없습니다. 광주운전면허시험장이 전남 나주로 이전한 후, 26년 가까이 광주에는 시험장이 없어서 시민이 운전면허 시험을 치르러 나주까지 오가느라 원성이 잦습니다.

또 다른 불편 사항이 광주에 '공공 심야 어린이병원'이 없다는 것입니다. 공공 심야 어린이병원은 심야 시간과 휴일에도 위급한 소아 환자들의 진료가 가능한 병원으로, 2014년 보건복지부가 시행하여 생겨났습니다. 전국 33곳에서 운영 중이지만 광주광역시는 조례 제정까지 하고도 병원을 지정하지 않았습니다.

2005년부터 계획된 어등산관광단지 조성 사업 역시 방치된 채 여태 표류해 왔습니다. 군 사격장으로 황폐해진 어등산 일원에 유원지와 골프장, 경관녹지 등을 조성하는 것이 애초 계획이었습니다. 하지만 민간 사업자가 재정난과 사업성 부족 등을 이유로 잇따라 사업을 포기하면서 난항을 거듭해 왔으며, 27홀 규모의 골프장만 운영되고 있습니다.

광주 도시철도 2호선 건설도 많은 진통을 겪어 왔습니다. 첫 삽을 뜨고 난 후, 공사 연기로 문제가 발생했는데 계속된 한 시민 단체의 공사 방해로 애초 계획인 2010년보다 늦어졌습니다. 물가나 인건비, 건설비가 대폭 올라 지방채를 발행해 공사를 해결해야 할 상황입니다. 시(市)의 재정을 더욱 악화시키고 완공 시점까지 늦춰졌습니다. 결국 피해는 고스란히 광주 시민이 떠안게 되었으니 생각만 해도 안타깝습니다.

"이제는 됩니다!" 이는 민선 8기 강기정 시장 후보의 슬로건이었습니다. 지역의 영향력 있고 힘 있는 특정 단체나 위원회의 눈치를 보느라, 혹은 욕먹는 것이 두려워 미루거나 포기했던 광주 시민의 바람을 이제는 되게 하겠다는 약속이었습니다. 그래서 이제는 집단화되지 않았더라도, 다수의 광주 시민이 바라는 다양한 바람과 꼭 필요한 문제를 해결해 보려고 발 벗고 나섰습니다. 광주 시민 개개인이 개별적인 별이 되어 반짝반짝 빛나는 그런 도시를 만들어 보자고 말입니다. 당장 오늘을 살고 있는 사람들에게 먼 미래를 이야기할 것이 아니라 오늘이 즐겁고, 눈앞에 보이는 내일이 빛날 수 있게 해 드리겠다고.

문화경제부시장으로 취임하면서 '오늘을 위해 지자체가 직접 유치하러 다니겠다.'라고 약속드렸습니다.

광주 민선 8기의 손에 잡히는 변화, 첫 번째 프로젝트가 '공공 심야 어린이병원'이었습니다. 광주시와 광주기독병원이 손잡고 2023년 9월 1일부터 전국 최초로 연중무휴, 24시까지 진료하는 '공공 심야 어린이병원'을 열었습니다. 개원 한 달 만에 '소아청소년 공공 의료의 모델'로 떠오르며 큰 호응을 얻고 있습니다.

지금까지 광주에는 늦은 밤(21시 이후)과 휴일(18시 이후)에 운영하는 심야 어린이병원이 없어 아이가 아프면 응급실을 이용해야 했고, 장시간 대기는 물론 병원비도 비싸게 내야 했습니다. 그러다 보니 소아과 진료를 받기 위해 새벽부터 줄을 서는 '어린이병원 오픈 런(open run) 현상'으로 이어지는 등 소아청소년 진료 체계 악순환이 반복됐습니다. 일곱 살, 세 살의 아이를 둔 아빠이기도 한 저 역시 아이가 늦은 밤 갑자기 아프면 가슴이 철렁 내려앉곤 했습니다. 병원 문이 열리는 아침까지 발을 동동 구르며 애를 태우기도 했고 아이가 심하게 아플 때는 한밤중에 응급실로 달려갈 때도 있었습니다.

광주시는 그 해법을 찾기 위해 고심했습니다. 해법은 가까이 있었습니다. 소아청소년과 부속 시설 및 장비를 이용한 야간·휴일 소아청소년 전문 진료와 응급실 연계 진료를 통해 소아청소년과 진료 체계를 개선하는 것이었습니다. 광주시의 판단은 개원 한 달이 되기도 전에 '손에 잡히는 성과'를 증명했습니다. 9월 1일 이후 지금까지 광주 시민은 물론 전남 등 다른 지역 환자를 포함해 평일 평균 37명, 주말·휴일 평균 117명의 환자가 이용했고, 어린이 환자와 동행한 보호자들의 만족도도 높았습니다. 그뿐만 아니라 광주기독병원의 영향을 받은 또 다른 병원의 소아청소년과가 야간 진료와 심야 약국 운영 등에 동참해 상생 협력도 자연스레 끌어냈습니다.

문제 해결에 진심이었기에 광주시는 지원을 아끼지 않았습니다. 사실 소아 의료 체계의 붕괴는 낮은 수가와 그에 따른 전문의 기피에서 찾을 수 있습니다. 모두 알고 있으면서도 막대한 예산이 투입되는 탓에 '공공 심야 어린이병원 운영'에 대해 엄두를 내지 못하던 것입니다. 이에 광주시는 연 12억 원의 사업비 지원을 결정했습니다. 광주시는 협약을 맺은 광주기독병원에 2025년까지 총 29억 원을 지원하는데, 사업비 대부분은 야간 진료를 하는 의료진의 인건비 보조입니다. 여기에 사업 취지에 공감한 광주기독병원의 헌신적인 참여가 더해졌습니다.

또한 광주시는 과감한 투자를 통해 타 지자체의 '달빛어린이병원'과의 차별화를 꾀했습니다. 광주를 제외한 전국의 45개 '달빛어린이병원'(보건복지부 지정)이 주말과 휴일에는 오후 6시까지만 진료합니다. 밤 6시 이후에는 소아 환자의 경우, 사실 어린이병원에 갈 수 없습니다. 이에 반해 광주시는 연중무휴, 밤 12시까지 운영하는 체계를 구축한 것이 차이점입니다. 시민의 큰 호응에 힘입어 추가로 공공 심야 어린이병원을 늘려 갈 계획입니다.

이처럼 손에 잡히는 광주시의 성과에 타 지자체에서도 광주 공공 심야 어린이병원 운영에 대해 관심을 갖고 벤치마킹이 한창입니다.

채 한 달도 되지 않아 지자체 7곳이 직접 방문하거나 전화 문의를 통해 공공 심야 어린이병원의 성과를 공유했습니다. 무엇보다 미래 세대인 아이들이 안전하고 건강하게 자랄 수 있는 환경을 만들겠다는 광주시의 진심이 오롯이 전달되었으리라 생각합니다.

한편 지난 11월 27일, 광주시와 도로교통공단은 광주광역시 북구 삼각동 일원에서 광주운전면허시험장 착공식을 열었습니다. 광주운전면허시험장은 총 사업비 328억 원을 전액 국비로 투입해 2025년 말 완공을 목표로 첫 삽을 뜨게 됐습니다. 1997년 광주시 북구 두암동에 있던 운전면허시험장을 전남 나주로 이전한 이후 26년 만입니다.

운전면허시험장 이전에 따라 그동안 광주 시민은 대중교통 접근성이 취약한 나주 시험장까지 이동해 각종 시험과 검사를 받아야 하는 등 큰 불편을 겪어 왔습니다. 그런 만큼 운전면허시험장 신설은 광주 시민의 오랜 염원이었습니다. 2026년부터 운영될 광주운전면허시험장은 광주 시민과 함께 전라도민을 대상으로 면허 민원, 운전면허 시험 관리 등 서비스를 제공하게 됩니다. 광주시가 지난해 11월 도로교통공단, 광주도시공사와 업무 협약을 체결하고, 신속한 업무 지원 체계를 구축해 온 결과로 광주 시민과의 약속을 빠르게 지키게 됐습니다.

광주 시민의 최대 관심사 가운데 하나이자 민선 8기 광주시 역점 사업인 이른바 '복쇼(복합 쇼핑몰) 3인방' 건립 사업도 속도를 내고 있습니다. 옛 전방·일신방직에 들어설 '더현대 광주', 유스퀘어 쪽으로

시-금호월드-신세계 협의회 개최(2023. 10. 10.)

확장하는 광주신세계백화점과 어등산 스타필드까지 국내 굴지의 유통 그룹들이 앞다투어 광주에 복합 쇼핑몰을 짓겠다고 나섰습니다. '호남권 프리미엄 유통 시장' 선점을 위한 경쟁이 아주 치열합니다.

전방·일신방직 공장 터 개발 사업자인 휴먼스홀딩스 측은 광주 북구 임동 일대 전체 부지 29만 6,340㎡(8만 9,642평) 내에 현대백화점그룹의 '더현대 광주'를 비롯해 300실 규모, 49층 높이의 특급 호텔과 4,186세대 아파트 건립 사업을 본격화하고 있습니다. 특히 광주 시민의 기대를 한몸에 받는 '더현대 광주'는 연면적이 국내 대표 핫플레이스인 여의도 '더현대 서울'의 1.5배에 이르고 친환경, 최첨단 기술, 예술, 엔터테인먼트, 로컬 등 5가지 문화 테마를 융합한 국내 첫 문화 복합몰로 짓는다는 청사진입니다.

또한 기존 상권과 중복되지 않는 럭셔리한 브랜드와 젊은 층을 타깃으로 한 브랜드를 중심으로 매장을 구성하고, 인근 전통시장의 중소 상인을 위해 마케팅과 서비스, 교육을 지원하겠다는 계획입니다. 그뿐만 아니라 혁신적인 공간 디자인과 트렌디한 콘텐츠를 바탕으로 전국에서 방문객을 유치해, 지역 발전을 견인하고 2만 2천여 일자리 창출 효과를 가져올 것으로 전망하고 있습니다.

또 다른 복합 쇼핑몰 강자인 신세계프라퍼티도 어등산관광단지 일원에 전국 최대 규모의 스타필드를 짓기 위한 절차를 밟아 나가고 있습니다. 지난 11월 광주어등산관광단지 개발 사업 우선협상대상자로 선정된 신세계프라퍼티는 1조 3,000억 원을 투자해 2030년 완공을 목표로 관광·휴양·레저·복합 쇼핑이 가능한 '그랜드 스타필드'를 건립하겠다는 의지가 강합니다. 광주시와 신세계프라퍼티 측은 올 연말 내로 협상을 마무리해, 2025년 말 착공을 목표로 사전 절차를 신속히 마무리할 계획입니다.

특히 기존 스타필드를 뛰어넘는 새로운 미래형 복합 라이프스타일 센터를 건립해 체류형 복합 공간이자 호남의 국가 대표 랜드마크를 만들겠다는 포부를 밝혔습니다. 또한 신세계는 그랜드 스타필드 광주 건립으로 지역 상생 협력자로 기여할 것이라 내다봤습니다. 지역의 주요 상권 인프라와 연계한 관광 코스 개발로 지역 상권 활성화를 실천하겠다는 것입니다. 연간 3천만 명의 관광객 유치, 지역 세수 확대, 11만 5천 명의 고용 창출 효과 등 20조 원의 경제 파급 효과를 기대하고 있습니다.

'호남 유통가 맹주'인 광주신세계백화점도 걸림돌이 많았던 이마트 부지 중심의 백화점 확장·이전 계획을 전면 철회하고, 새로운 신축 부지로 광주종합버스터미널 내 유스퀘어 부지를 포함하기로 하는 등 사업 진행에 박차를 가하고 있습니다. 새로운 안은 광주 신성장 허브가 될 광주종합버스터미널을 중심으로 쇼핑·문화·예술을 복합한 대한민국 대표 랜드마크형 백화점을 건립하는 대규모 확장안으로 긍정적인 평가를 받고 있습니다. 개발 사업의 중심지인 서구 광천동 일대 교통 문제에 대해서도 시와 함께 그 대책 마련에 한창입니다. 지하차도·BRT(간선 급행버스 체계)·순환버스·중앙차로 등 모든 교통 수단을 종합적으로 검토해 해결하려고 합니다.

이처럼 '유통 불모지' 광주에 국내 굴지의 유통 업체들이 그룹의 사활을 걸고 치열한 유치전을 벌이는 이유가 뭘까요? 광주의 웃픈 현실인 '광주에 없는 20가지'가 그 이유입니다. 즉, 광주는 비수도권 중소 도시들과 달리 수요가 엄청난데 공급이 부족하므로, 기업으로서는 유치에만 성공하면 사실상 흥행 보증 수표나 다름없다는 것입니다. 그래서 지역 유통가에서는 이번 '복쇼 3인방' 경쟁의 승자가 대형 유통업계의 마지막 남은 노른자위로 꼽히는 호남권 시장을 선점할 것으로 예상하고 있습니다.

뜨겁게 달아오른 3개 사업 모두 올해 안으로 추진이냐, 무산이냐가 최종 결론이 납니다. 인허가권을 쥐고 있는 시는 최종 결정에 앞서 광주 시민 의견을 묻고 시민 의견을 최우선으로 반영하려고 합니다. 이를 위해 광주시는 지난 11월 시민정책참여단(2,858명)을 대상으로 복합 쇼핑몰 유치에 관한 의견 수렴 설문 조사를 진행했습니다. 설문 조사 결과 놀랍게도 광주 시민 10명 중 7명이 타 지역 복합 쇼핑몰에 원정 쇼핑을 가 본 경험이 있다고 했습니다. 광주에 복합 쇼핑몰 유치가 필요한지를 묻는 물음에는 예상대로 응답자의 90.7%가 긍정 의견을 밝혔습니다. '복합 쇼핑몰 유치가 왜 필요한지?'에 대해서는 응답자의 35.2%(927명)는 '도시에 활력이 생길 것 같다.'라는 점을, 34.7%(913명)는 '대기업 유통 업체의 투자로 지역 경제가 활성화될 수 있다.'라는 점을 꼽았습니다.

지역에 다양한 계층을 겨냥한 여러 복합 여가 시설이 들어서면 '재미없는 도시'라는 오명을 탈출하는 것은 물론, 대규모 신규 일자리도 생기고 천문학적인 경제 효과도 얻을 수 있으니 시에서는 복합 쇼핑몰을 마다할 이유가 없습니다. 물론 우려의 목소리도 들립니다. 도심 한가운데 대형 복합 쇼핑몰이 생기면 지역 상권이 몰락하지 않을지, 특히 3개가 동시에 생길 경우 지역의 소상공인들이 그 충격을 감당할 수 있을지 걱정합니다.

정밀한 예측과 면밀한 대책 마련이 필요한 것도 사실입니다. 하지만 실제로 복합 쇼핑몰이 들어온다고 해서 피해를 보는 사례는 생각보다 적습니다. 오히려 유동 인구가 많아져서 주변의 자영업자들이 같이 혜택을 보는 경우가 많습니다. 일단 건설 과정에서도 지역 중소기업과 상점이 혜택을 보고, 개설 후에는 전체적인 경제 규모가 커지고 수요가 확장되면서 인근 상권도 커지는 경향이 높습니다.

예를 들어 볼까요? 하남, 대전 등은 대형 숙박 시설이 들어오면서 체류형 비즈니스 관광객이 대거 늘어나고, 경제 활성화로 이어졌습니다. 삼척은 대표적 기피 시설인 탄광촌이었지만 지자체에서 예산을 투입해 전통시장에 청년창업몰, 노브랜드를 입점시켜 전국의 젊은이가 찾아오는 명소로 탈바꿈했습니다. 쇠락해 가는 '패션의 거리'였던 군산 로데오 거리가 지금의 카페 골목으로 변신에 성공할 수 있었던 것도 지자체에서 국비 사업을 유치해 상하수도를 지원해 줬기 때문에 가능했습니다.

단순히 요식업을 기준으로만 생각해도 쇼핑몰 내에서 식사를 모두 해결하는 것은 아닙니다. 근처 맛집 투어로 전통시장과 연계하거나 골목 상권으로 이어질 수 있도록 방안을 마련할 수 있습니다. 게다가 스타필드, 롯데몰 등 메이저 대기업들의 복합 쇼핑몰 브랜드는 평균적으로 60~70%가량의 비율을 소상공인들의 매장으로 채웁니다. 그리고 쇼핑몰 내(內) 특산물 매장 등이 있어 지역 소상공인, 예술인, 농어민에게 이익이 가는 측면도 있습니다.

다만 쇼핑몰 유치로 발생하는 집객 효과, 매출액 상승 등 긍정적인 효과에서 소상공인이 소외되지 않도록 자생력을 보장할 수 있는 시 차원의 중장기적 지원 정책도 필요합니다. 이 부분은 대형 유통업체와 지자체, 전통시장이 네트워크를 구축하고 협력해 광주만의 색을 담은 복합 쇼핑몰로 그려 갈 것입니다. 광주 시민이 누구나 즐겁고 행복하게 오늘을 살아가는 것, 그것이 바로 함께하는 상생의 모습이지 않을까요?

저는 고단한 하루 일과의 피로를 풀기 위해 취미로 그림을 그립니다. 깊은 밤 붓질을 하다가 문득, 별 볼 일 없는 일상이 별일 있는 반짝이는 일상으로 바뀌는 상상을 했습니다. 상상만으로도 어느새 제 입꼬리가 슬며시 올라갑니다. 그동안 누가 알아주든 알아주지 않든 열심히 광주에 별별 색을 칠해 온 것이 뿌듯합니다. 오늘의 광주를 여러분의 색으로 그려 가는 일, 여러분도 함께하지 않으시겠습니까?

취미로 그린 그림들

6장

잘 싸우는
정치인

온당하지 않으면 굽히지 않는다

'온당하다'라는 말이 있습니다. 제가 자주 쓰는 말이고 좋아하는 말이기도 합니다. 사전적으로 보면 '판단이나 행동 따위가 사리에 어긋나지 아니하고 알맞다'라는 형용사인데 '옳다'의 완곡한 표현 혹은 풀어쓴 '정의' 같은 어휘입니다.

이 '온당하다'는 제 삶의 신조(信條)이자 정치관입니다. 온당하지 않은 일에 정치적으로 타협을 해 본 적이 없고 많은 시민께 온당한 결과로 돌아가는 정책을 중요하게 시행해 왔습니다. 그러나 늘 그 결과가 온당하게 돌아오지는 않았던 것 같습니다.

처음 국회에 입성할 때 저는 사실 운이 좋았습니다. '이제부터 운에 맡기면 안 된다. 대한민국 청년 국회의원으로서 최선을 다해야 한다. 국민께서 부여한 권한으로 주어진 임무와 소임에 부끄럽지 않은 시간을 보내야 한다. 지금이 청년 정치인으로 일할 수 있는 유일한 시기일지도 모른다.'라고 생각했습니다.

젊은 나이에 국회의원이 되다 보니 관심을 많이 받았고 인터뷰 요청도 많았습니다. 초기 1~2년 동안은 "쌈빡하게 하고 제자리로 돌아가렵니다." 이런 식의 이야기를 하고 다녔던 기억이 납니다. 4년만 충실하면 됐지 그 뒤까지는 생각할 필요가 없다는 게 솔직한 심정이었습니다. 하지만 3, 4년 차가 되면서는 이게 잘못된 생각이라는 것을

PART 2 기회도시 광주 사용법

깨닫습니다. 초기에 했던 인터뷰들이 너무나 부끄럽게 느껴졌습니다. 국민께서 투표로 이 자리를 만들어 줬는데 건방지게 한 번 하고 말면 그만이라니 너무나 철없고 무책임한 정신 상태였습니다.

각 당(黨)에는 청년위원회와 함께 여성위원회가 있습니다. 여성위원회는 점점 발전합니다. 여성과 관련한 다양한 제도가 생기고 법 개정도 잘 됩니다. 여성 인권 신장과 평등이 시대의 화두가 되면서 여성을 위한 예산도 잘 집행됩니다. 여성은 초선도 여성이고 재선도 여성이고 3선, 4선, 국회 부의장이 되어서도 여성입니다. 쭉 여성성(女性性)을 가지고 정치를 합니다. 당연한 겁니다. 타고나는 것이니까요.

그런데 청년은 그렇지 않습니다. 특정한 시기가 지나면 더 이상 청년이 아닙니다. 저만 봐도 한때 '청년' 정치의 대명사였는데 40대가 넘은 지금은 '청년' 정치인이라고 불리지 않습니다. 많은 국회의원이 초선에 청년이었어도 재선하고 3선, 4선을 할 때는 청년을 벗어나기 때문에 청년 정치라는 것에 관심을 가지지 않습니다.

19대 총선에 3명의 청년 정치인이 당선되었습니다. 대한민국 모든 청년의 대표가 겨우 3명입니다. 청년 정치인 한 명의 잘못이 전체 청년 3분의 1의 몫인 것입니다. '이것은 온당하지 못하다. 우리의 실패가 청년의 실패는 아니다.' 이런 생각으로 정말 열심히 일했습니다. 청년 정치의 비중이 줄지 않도록 해야 한다고 생각했고 청년의 의견과 목소리를 반영하기 위해 노력했습니다.

그래서 초선 임기가 끝났을 때 제자리로 돌아가겠다는 생각은 완전히 사라졌습니다. 청년비례대표도 시민의 선택을 받아 선출직으로

국회에 입성할 수 있다는 것을 보여 줘야 한다. 정치에 청년의 생각을 반영하기 위한 노력이 틀리지 않았다는 것을 증명해야 한다. 그러나 고향인 순천에서 낙선하면서 고배를 마셔야만 했습니다.

재선에 실패하자 '청년 실패'라는 제목으로 기사들이 쏟아졌습니다. 창피했습니다. 지지자들에게 부끄러웠고 청년들에게 미안했습니다. 그래서 한 언론사에 인터뷰를 자청했습니다.

"군 장성으로 예편해서 도전한 후보자에게 '군 정치의 실패'라고 하지 않습니다. 민주당 당직자로 오래 몸담았다가 떨어진 후보자에게도 '당직자 정치의 실패'라고 하지 않습니다. 또 경찰 간부로 퇴임하고 낙선한 후보자에게 '경찰 정치의 실패'라고 하지 않습니다. 그런데 어째서 청년비례대표 출신 후보자의 낙선에만 '청년 정치의 실패'라고 하는 것인지 이것은 온당치 못하다고 생각합니다. '청년 정치의 실패'가 아니라 '김광진의 실패'라고 해 주시면 감사하겠습니다." 당시 인터뷰는 '김광진의 실패'라는 제목으로 기사화된 것으로 기억합니다.

온당하지 못한 일에 굽히지 않고 싸우는 정치가 '김광진의 정치'입니다. 이러한 신념과 성정(性情)은 비단 성인이었을 때뿐만 아니라 학창 시절에도 그러했습니다. 저는 순천대 조경학과를 나왔지만 고등학교 때만 해도 문학도를 꿈꿨습니다. 그래서 전남대 국문과에 입학하고 싶었습니다. 공부도 줄곧 잘하던 학생이었고 국문학과를 가기 위해 문예상 준비도 했었습니다. 하지만 학교와 선생님의 말을 잘 듣는 모범생은 아니었습니다. 학교의 부당한 처사에 할 말을 했고 온당치 못한 일에는 반기를 드는 학생이었습니다. 학생운동까지는 아니지만 순종적인 학생이 아니었습니다.

미술이 좋아 화실을 다녔는데, 학교는 야간 자율 학습을 빼 줄 수 없다고 했습니다. 담임 선생님을 설득했지만 소용없었습니다. 원하는 대학에 갈 수 있을 만큼 성적도 만들어 놓았고 수업 시간이 아닌 자율 학습 시간에 일탈 행동이 아닌 미술 수업에 가지 못하게 하는 것을 이해할 수 없었습니다. 항의의 목소리를 냈고 부모님께서 오셔서 선생님을 설득해 일단락되었습니다. 대학 진학을 앞두고 전남대학교 국문학과에 지원했습니다. 지원서에 담임 선생님의 직인이 필요했는데 선생님은 못 찍어 주겠다고 했습니다. 지금 생각해 보면 진심은 아니셨던 것 같습니다. 아마도 반(半)은 장난이고 반(半)은 고까운 학생에게 하는 비아냥거림이었던 것 같습니다. 저는 어린 나이에 성질을 참지 못하고 불뚝했고, 순천대학교 농업학과로 가 버렸습니다. 일종의 반항이었습니다.

그런 식으로 대학에 진학한 것을 후회하지는 않습니다. 다만 전남대학교 국문학과를 갔으면 어땠을까, 그랬다면 학교생활에 적응을 못하고 방황 아닌 방황을 했던 대학 생활이 달라졌을까, 청년 국회의원 김광진이 있었을까, 궁금합니다.

순천대학교 대학원을 사학과로 가면서 문과 진학에 대한 갈증을 조금은 풀 수 있었습니다. 이 시기에는 지역의 근현대사에 관심이 많았습니다. 1949년 '여수·순천 반란 사건'과 호남 지역의 농민운동사를 비롯한 대한민국의 비극적인 근현대사 문제를 제대로 규명하고 알리는 데 많이 노력했습니다. 이 노력의 일환이 잘 알려진 《친일인명사전》입니다.

민족문제연구소 전남동부지부 사무국장으로서 《친일인명사전》의 편찬이 대한민국의 비뚤어진 근현대사와 민족의식을 바로잡는 데 큰 역할을 할 거라고 믿고 열심히 추진했습니다. 하지만 이와 관련한 예산이 국회에서 전액 삭감되면서 편찬이 사실상 무산될 위기에 처했던 적이 있습니다. 이런 온당치 못한 방해에 굴복하고 싶지 않았습니다. 다양한 방법을 모색했습니다.

그때 오마이뉴스와 민족문제연구소가 공동으로 모금 운동을 진행하자는 제안이 있었고 결과는 기적적이었습니다. 많은 시민의 참여로 첫날 4천만 원, 나흘 만에 1억, 엿새 만에 2억을 돌파하는 성금이 모였고, 심지어 예산을 삭감했던 국회의원이 성금을 보내오는 상황까지 벌어졌습니다. 하지만 이 성금은 반환했습니다. 이렇게 《친일인명사전》이 세상에 나오게 되었습니다. 일종의 국민운동으로 만들어진 자랑스러운 성과물입니다.

어렸을 때 아버지를 따라 순천의 대승사에 간 적이 있습니다. 아버지께서 절의 신도였던 걸로 기억합니다. 당시 주지 스님으로 계시던 청학 스님께서 두 아들 중에 둘째가 '평범하게 살기 힘들 팔자'라며 동자승으로 절에 달라고 하셨습니다. 덜컥 겁이 났습니다. 머리를 빡빡 깎는 것이 창피했습니다. 아버지는 농담처럼 받으셨지만 두 번, 세 번 볼 때마다 권하자 진지하게 고민하셨다고 합니다. 결과는 보시는 것처럼 스님이 되지는 않았습니다. 하지만 평범하게 살 팔자가 아닌 것은 확실해 보입니다. 재미로 써 본 에피소드지만 만약 그때 정말로 출가했다면 어땠을까 피식 웃음이 납니다. 까맣고 말라서 민머리가 어울렸을 것 같지는 않습니다.

국회의원 김광진을 평하는 말을 들어 보면 '깐깐하다', '원리원칙주의다', '쌈닭이다', '싸가지 없다' 같은 것들입니다. 썩 고급스러운 느낌의 말은 아닙니다. 인간 '김광진'에 대한 평가라면 내 삶의 태도에 대해 진지하게 생각해 보았을 것입니다. 하지만 정치인 '김광진'에 대한 평가라면 나름대로 칭찬이라고 생각합니다. 매사에 물러서고 타협하고 양보하는 정치를 할 바에야 싸가지 없는 강성(剛性), 강골(强骨)이 되겠습니다. 시민의 맨 앞에서 욕을 먹는 정치인이 되겠습니다. 그것은 훈장입니다. 훈장이 많으면 많을수록 지지자와 후원자 앞에 당당히 설 수 있습니다. 거침없이 나아가 온당치 못한 처사에 맞서 싸우고 온당한 방향으로 일이 성사될 수 있도록 앞으로도 그러하겠습니다.

순천 촌놈의 여의도 입성기

저는 순천이 고향입니다. 순천에서 초등학교를 세 번이나 전학했고 이수중학교와 순천고등학교를 거쳐 순천대학교와 대학원까지 나왔습니다. 순천에서 시민사회 활동을 했고 창업도 했습니다. 완전히 순천 촌놈입니다. 그렇다고 순천을 떠나고 싶다는 생각을 해 본 적도 없습니다.

2011년 겨울, 민주당은 다음 해에 있을 총선을 준비하면서 시민 단체와 통합하여 '민주통합당'을 만들었습니다. 이때 시민 단체 계열이 '시민통합당'이라는 이름의 정책 정당이 되었습니다. 아는 교수님께서 '시민통합당'의 전남도당 위원장이 되었다며, 저에게 대변인을 맡아 달라고 부탁하셨습니다. 처음에는 거절했습니다. 시민사회 활동을 하며 사회 문제에 관심도 많고 개선을 위한 노력도 했지만, 정치는 하고 싶지 않았습니다. 정확히는 정치를 직업으로 삼고 싶지 않았습니다. 교수님은 저에게 정당 활동을 하라는 것이 아니고 민주당과 통합될 예정의 조직체이니 부담 갖지 말고 맡아 달라며 재차 부탁하셨습니다. 그래서 별 의미 없이 맡게 되었습니다.

이후, 민주당에서 청년비례대표 후보자를 오디션으로 뽑는다는 소식을 접했습니다. 전혀 관심이 없었습니다. 형식적인 절차이지 다 내정되어 있을 거로 생각했습니다. 청년비례대표로 국회의원 4석을 준다는 1차 모집에 16명이 지원했습니다. 소위 미달이 난 겁니다. 예상치 못했던 상황에 당에서 적잖이 당황한 모양이었습니다. 곧바로 재공고가 났는데 대변인을 맡기셨던 교수님께서 또 연락하셨습니다. 35세 이하가 응모 자격인데 그 나이대의 당원이 적고 접수가 너무 안 되고 있으니, 숫자라도 채워 달라고 하셨습니다.

어렵겠다고 정중히 거절했습니다. 어린 나이에 시민운동을 하더니 결국은 정치판으로 간다는 말을 듣기 싫었습니다. 확률도 없는 일 때문에 10년간 해 왔던 시민 활동이 정치로 가기 위한 발판이었다는 오해를 사고 싶지 않았습니다. 교수님은 경험 삼아 접수해 볼 수는 있지 않겠느냐, 가서 새로운 관계를 형성해 보는 것도 좋은 기회일 거라며 계속 설득하셨습니다. 너무 간곡히 부탁하시기에 마지막 날 접수했습니다.

서울에서 이루어진 첫 대면식에 전국에서 372명의 청년이 왔습니다. 민주당에서 큰 클럽을 하나 빌려서 행사를 진행했습니다. 클럽이라고 하니 생각하시는 그런 분위기는 아니었고 인사 나누고 앞으로의 절차 같은 것을 소개하는 자리였습니다. 1차 서류, 2차 면접, 3차 2박 3일 캠프 순으로 진행하면서 인원을 줄여 나가는 서바이벌 방식이었습니다.

그때는 비례대표가 되겠다는 욕심이 전혀 없었습니다. 저는 민주당 당원이나 학생회 간부도 아니고 의대, 법대 출신도 아닌, 속된 말로 '순천 촌놈'이었습니다. 그때 저는 '내가 이런 친구들을 만날 기회가 언제 또 있을까?'라고 생각했습니다. 그러니까 청년 국회의원이 목

표가 아니라 '여기 있는 친구들을 사귀어야겠다. 그래서 나중에 전국을 돌면서 밥 한 끼, 술 한 잔씩 하며 재밌게 어울려야겠다.'라는 목표를 세웠습니다.

공식 절차들은 그 목표를 이루어 가는 시간이었습니다. 매주 서울에 올라가서 친구들을 만나는 게 즐거웠고 그들과 사회 전반에 걸친 문제들을 안주 삼아 술 한 잔씩 기울이는 게 좋았습니다. 그렇게 각 단계를 밟으며 가다 보니 어느새 최종 4인에 들었습니다.

다른 후보들의 면면을 보면 전남대학교 총학생회장이자 전국 국립대학교 총학생회장, 민주당에서 10년 넘게 청년위원회 활동을 해 왔던 친구, 군 법무관 신분으로 이명박 대통령과 소송했던 변호사 출신도 있었습니다. 사실 내가 최종 4인에 들었다는 게 말도 안 되는 상황이었습니다. '어쩌다 이렇게 됐지?' 싶었습니다. 결과를 알고 있으니 회상해 보자면 뽑혀야겠다는 생각보다 매번 서울 오는 것이 재미있고 새로운 친구를 만든다는 기쁨에 놀러 가는 마음으로 즐겼습니다.

그런데 아무도 예상하지 못한 뜻밖의 결과가 나왔습니다. 제가 최종 1등을 한 것입니다. 저도 처음에는 믿기지 않았습니다. '내가 다른 후보들보다 특별히 잘난 것도 없는데 어떻게 된 거지?' 돌이켜보니 이런 배경 때문이었습니다. 372명의 참가자는 각 단계에 오를 때, 선거인단을 꾸립니다. 그들이 낙선할지언정 선거인단은 계속 남아서 유권자로서 표를 행사합니다. 낙선한 친구들은 '설마 김광진이 되겠어?' 하는 마음과 '그래도 광진이는 거만하지 않고 착했어. 나중에 국회의원이 되면 우리를 모르는 척하지 않을 거야.'라는 생각으로 자신의 선거인단에게 나를 좋게 말해 주었습니다. 덕분에 16,000여 명의 유권자들 가운데 나를 찍은 이들이 많았고 뜻밖의 결과가 나온 것입니다.

당시 저는 특별히 정치적 야망이나 미래의 청사진을 가지고 있지는 않았습니다. 솔직히 운이 따랐다고 생각합니다. 하지만 청년비례대표로 국회의원이 되자 많은 생각을 했습니다. 임명장을 받고 가슴에 금배지를 달던 순간을 지금도 잊을 수 없습니다. 그 배지가 그렇게 무겁고 가슴을 짓누를 거라고 예상하지 못했습니다.

책임감을 느끼며 운이 좋아 국회의원이 됐다는 말을 다시는 하지 않겠다고 다짐했습니다. '이제부터는 한 개인이 아니라 국민의 대표자이다. 그러니 열심히 일하고 최선을 다하자.' 하고 마음먹었습니다. 초선 4년 동안 정말 열심히 일했습니다. 국방 위원으로 '수통'도 바꾸고 악법을 막기 위해 '필리버스터'도 했습니다. 정신없이 공부하고 일하다 보니 시간이 훌쩍 흘렀습니다. 어느새 재선을 준비할 시기가 되었습니다.

비례대표로 초선을 시작하여 의욕적으로 의정 활동을 펼친 국회의원이 재선되기가 어렵다고 합니다. 재선, 3선, 4선 의원을 보면 적어도 12년, 16년 국회의원을 한 것인데 그렇게 국회의원을 오래 한 사람의 이름을 국민이 몇이나 알고 있을지 모르겠습니다. 10년이 넘는 기간 동안 국민의 대표인 국회의원으로 있으면서 대표 법안 발의가 손에 꼽을 정도인 사람이 넘쳐납니다. 국회의원 박근혜는 임기를 통틀어 고작 2건의 법안을 발의했습니다. 그럼에도 당 대표가 되고 대통령도 됐습니다. 정치는 그만큼 지지와 세(勢)가 중요합니다.

재선을 위한 선거라는 것은 지난 임기 동안 국민을 위해 얼마나 열심히 일했고 얼마나 최선을 다했는지 평가받는 자리라고 생각했습니다. 자신도 있었습니다. 하지만 재선의 기회에서 순천 지역 민주당 경선에 낙선하면서 좌절을 맛봤습니다. 다행히 긴 공백이 생길 수 있었는데 문재인 대통령께서 불러 주셔서 정무 비서관으로 청와대에 들어갔습니다.

청와대에서 정무 비서관과 청년 비서관으로 일한 시간은 배움의 연속이었습니다. 멋모르고 의욕적으로 들이박았던 청년 국회의원의 티를 많이 벗을 수 있었습니다. 조율하고 설득하고 협상하는 정치를 알아 가는 시간이었습니다. 이즈음 다시 총선이 다가왔습니다. 출마에 대한 많은 문의가 쏟아졌습니다. 정해진 것은 아무것도 없었습니다. 모두 당연히 출마할 것으로 예상했습니다. 여론조사도 1등을 달리고 있었습니다. 하지만 조용히 불출마를 선언했습니다. 당연히 아쉬웠습니다. 이때 도전했다면 당선되지 않았을까, 쓴 꿈을 꾸어 보기도 합니다.

처음 청와대에 들어갔을 때 많이 놀랐습니다. 제가 알고 있던 것과 너무 많은 것이 달랐습니다. 보고 체계나 의사 결정 과정, 조직의 구조가 국회의원일 때 알고 있었던 것과는 사뭇 다른 부분이 있었습니다. 국회의원 시절, 잘못된 지식으로 국정감사나 청문회 때 마구 윽박질렀으니 청와대 관계자가 저를 얼마나 가소롭게 봤을지 얼굴이 화끈거렸습니다.

이때 이미 불출마를 결심했던 것 같습니다. '내가 아는 것이 너무 없다. 너무 모른다. 국회의원만 해서는 앞으로 더 크고 더 좋은 일을 하는 데 한계가 있겠다. 딱 10년만 더 큰 행보를 위해 내실을 다지자.' 하고 다짐했습니다.

문재인 정부의 성공을 위해 열심히 뛰고 '군사망사고위원회' 사무국장 일을 하고 싶어서 국회의원 출신이지만 2급 공무원으로 근무했습니다. 국회의원 시절에 직접 법을 내서 만들어진 신설 위원회라 애착을 갖고 일했고 그 과정에서 인사, 회계, 직원들의 행정 업무 같은 기본적인 공무원 업무를 배울 수 있었습니다. 그리고 청와대에서의 인연으로 강기정 시장님과 손을 잡고 광주광역시의 부시장으로 2년째 일하고 있습니다.

초선 비례대표로 시작해 낙선과 불출마를 경험하고 대통령을 보좌했습니다. 국회의원으로 나라의 법을 만들고 민생을 살피는 일을 했고, 청와대에서 중앙 부처 관리와 고위 공무원으로 행정 업무를 했습니다. 이런 배움과 경험은 부시장으로 광주광역시를 위해 일할 수 있는 자양분이 되었습니다. 8년 동안 정말 많이 경험하면서 눈코 뜰 새 없이 바빴고 스스로 약속한 내실을 충분히 쌓았습니다. 이제는 더 큰 행보를 위해 나아가도 되겠다는 자신감이 생겼습니다.

캐나다 국민으로부터 가장 존경받는 정치인이 있습니다. '캐나다 무상 의료보험의 아버지'라고 불리는 토미 더글러스입니다. 이분이 1962년에 한 연설에서 '마우스 랜드'라는 일종의 우화를 들려줍니다. 내용은 이렇습니다.

마우스 랜드라는 쥐들의 나라가 있습니다. 이곳은 정부도 있고

4년마다 투표해서 대표를 뽑는 선거제도 있습니다. 마우스 랜드의 대표를 뽑는 날, 쥐들은 검은 고양이를 뽑습니다. 검은 고양이는 쥐들이 시속 20km 이상으로 뛰지 못하는 법을 만듭니다. 쥐들은 도망치기 바빴습니다.

4년 뒤에 다시 선거를 치르는데 쥐들이 이번에는 하얀색 고양이를 뽑습니다. 하얀색 고양이는 쥐구멍을 커다란 사각형으로 만드는 법을 만듭니다. 쥐들은 살아남기 위해 발버둥 쳐야 했습니다.

그러자 한 마리의 쥐가 나섭니다. "고양이는 쥐가 될 수 없다. 우리 중에서 대표를 뽑자." 그랬더니 다른 쥐들이 그 쥐를 선동꾼이라며 감옥에 가둡니다. 마우스 랜드의 다음 대표는 누가 됐을까요? 여러분은 쥐들이 이해되십니까? 언제나 무능한 정치인을 자신의 대표로 뽑는 시민을 꼬집는 이 연설은 '과연 우리가 쥐들보다 나은가?'라고 생각하게 합니다.

국회의원은 시민의 권한을 4년 동안 위임받습니다. 그리고 4년 뒤 앞선 4년의 평가로 앞으로의 4년을 맡깁니다. 일하지 않는 인물, 일해 본 적 없는 인물을 우리의 대표로 뽑으면 불행합니다. 순천 촌놈에서 광주광역시의 부시장까지 다양한 분야에서 충실히 일하며 시민의 삶을 윤택하게 만들 수 있는 인물이 되겠습니다.

악법을 막기 위한 필리버스터

2016년이니까 벌써 7, 8년 전입니다. 시간이 꽤 흘렀지만 지금도 그날이 어제처럼 생생히 기억납니다. 다시 생각해도 아찔한 순간이었습니다. 누군가는 다음 총선은 어려울 것이라고 했고 누군가는 정치 생명이 끝날 거라고 했습니다. 그래서 저를 아끼는 지인들은 발언대에 올라가지 말라고 말렸습니다. 진심으로 걱정해서 하는 조언이라는 것을 알고 있었기에 참 많이 고민했습니다.

정치인에게 따라붙는 꼬리표는 커다란 정치적 자산이 되기도 합니다. 그중 하나가 국방 위원으로 일할 때 전 군 병력의 '수통'을 교체한 것이고, 또 다른 하나는 바로 지금의 '김광진'을 모든 국민의 뇌리에 강렬하게 각인시킨 '필리버스터(filibuster)'입니다.

시작은 느닷없이 당시 박근혜 대통령께서 대한민국이 테러에 취약하다며 '테러방지법'이라는 법을 들고나오면서부터입니다. 모든 국회의원이 의아해했습니다. 주요 내용은 국내의 테러 방지를 위해 국정원의 수사와 조사를 강하게 보장해 주는 법이었습니다. 얼핏 국민의 안전을 위한 좋은 법처럼 보입니다. 하지만 문제는 그 안에 가득 찬 독소 조항들입니다. 쉽게 말해 국정원이 필요하다면 '테러 의심'이라는 이유로 특정 대상을 마음대로 조사하고 도·감청하고 정보 조회를 할 수 있게 해 주는 것입니다. 게다가 '테러 의심'과 '특정 대상'의 기준과 근거가 애매하여 국정원이 마음대로 정하는 수준이었습니다. 그러니 민주당에서는 '국정원 강화법'이라고 규정했습니다.

당시 국정원이 어떤 조직이었는지 떠올려 보면 국가의 안보를 지키는 고유의 역할을 망각하고 '국가정보부', '국가안전기획부'로 불리던 때부터 권력자들의 사냥개 역할을 하며 수많은 정적을 괴롭히고 망가뜨려 왔던 기관입니다. 그런 국정원에 날개를 달아 주는 법을 만들어 뒤에서 어떻게 조종할지 정말 생각만 해도 끔찍했습니다.

어떻게든 막아야 했습니다. 국민이 사찰당하고 끌려가서 고문당하고 그 후유증에 불안해하는 사회를 다시 만들 수 없었습니다. 범야권이 뭉쳐 보았지만 역부족이었습니다. 여당과 청와대는 국회의장의 직권 상정을 추진했습니다. 저는 국회 상임위에서 국방위를 2년 했고 추가로 2년을 더 수행하면서 동시에 정보 위원회를 겸임하고 있었습니다. 정보 위원회는 국정원을 관할하는 상임위입니다. 두 개의 소위원회로 구성되어 있는데 하나는 국정원의 예산을 담당하는 예산 소위원회, 다른 하나는 국정원법을 담당하는 법안 소위원회입니다. 법안 소위원회에는 당시 같은 당이었던 문병호 의원과 제가 함께 있었습니다. 일하는 동안 국정원법을 바꿀 일이 거의 없어서 법안이 올라온 적이 한 번도 없던 곳입니다. 예산 소위원회는 돈을 다루는 곳이라 의원들에게 인기가 좋았지만, 법안 소위원회는 반대였기 때문에 관심이나 주목을 받지 못하던 곳입니다.

2년간 법안소위가 한 번도 열린 적이 없었는데 정말 뜬금없이 '테러방지법'이 올라온 것입니다. 그래서 이걸 어떻게 해야 하나 고민하고 있던 차에 문병호 의원이 탈당했습니다. 정보 위원회는 국가의 내밀한 법을 들여다보는 곳이기 때문에 원내교섭단체만 위원이 될 수 있었는데 문병호 의원이 탈당하면서 그 지위를 잃으니, 법안 소위원회에 혼자 남게 됐습니다.

야당이 법안 통과에 협조하지 않자, 당시 여당 쪽 인사였던 정의화 국회의장이 '테러방지법'을 국회의장 직권 상정으로 통과시키겠다고 했습니다. 사실은 이것부터 말이 안 되는 일이었습니다. 국회법을 보면 직권 상정은 전시·사변 또는 이에 준하는 국가비상사태에 할 수 있도록 규정하고 있는데 당시 상황은 어떤 것도 이에 준하지 않았습니다. 정말 막무가내였습니다.

민주당에서는 비상 대책 회의가 열렸습니다. 어떻게 대응할 것인가에 대해 다양한 의견이 나왔습니다. '본회의에 들어가서 항의하고 나오자.', '깽판을 치고 나오자.', '반대투표를 하고 나오자.' 등의 말이 오고 갔지만 항의와 깽판은 국민께 실망만 드릴 것이고, 반대투표는 적은 의석수 때문에 실패할 테니 사실상 통과시켜 준다는 말이나 다름없었습니다. 모두 막막해하고 있을 때 제가 필리버스터를 해 보자고 제안했습니다. 일순 정적이 흘렀습니다.

국회에서 소수파 의원들이 다수파의 독주를 막기 위해 마지막으로 꺼내는 비장의 카드, 합법적 의사 진행 방해인 필리버스터는 대한민국 국회에서 그동안 딱 한 번 있었습니다. 1964년 4월 20일, 대한민국 임시국회에서 당시 민주당 초선 의원이었던 고(故) 김대중 대통령께서 자유민주당 소속 김준연 의원의 체포 동의안 통과를 막기 위해

5시간 19분 동안 발언한 것이 그것입니다. 그러니 현재 국회의원 중에 필리버스터를 본 사람도, 해 본 사람도 없었습니다. '어떻게 하는 줄 아느냐?', '아무 말이나 주절대는 것이 아니다.', '제대로 해야 된다.'라며 반대하는 사람들과 '한번 해 봅시다.', '일단 법에 있으니 합시다.'라며 찬성하는 사람들 간의 의견 충돌이 있었습니다.

7시에 시작하는 본회의를 20분 남겨 놓고 원내대표가 급히 저를 불렀습니다.

"김 의원, 정말 자신 있는가?"

"네. 한번 해 보겠습니다."

모두 놀랐습니다. 당시 저는 깊게 고민하지 않았습니다. 누군가 해야 하고 그 법을 읽어 본 정보 위원이 저밖에 없으니 제가 해야 한다고 생각했습니다. 더군다나 젊은 나이라 체력적으로도 괜찮을 것 같았습니다. 필리버스터를 할지 말지를 두고 갑론을박이 오갈 때 저는 속으로 '필리버스터를 한다면 첫 주자는 내가 하자.'라고 생각했습니다. 초선 의원이라 겁이 없었던 것 같습니다. 초선으로 처음 필리버스터를 했던 김대중 대통령처럼 5시간 정도만 버티자고 생각했습니다. 뒤는 든든한 동료들이 이어 줄 거라는 믿음이 있었습니다.

본회의가 채 20분도 남지 않아 법안 소위에 들고 다니던 안건 자료집 외에는 아무것도 준비할 수 없었습니다. 보좌진이 출력해 올 시간도 없는 상황이었습니다. 다음 주자들이 자료를 준비할 시간 정도만 벌자는 마음이었습니다. 그때 평소 저를 아끼시던 선배 의원께서 저를 따로 불렀습니다. 당시 종편 방송의 영향력이 강했고 언론은 소

PART 2 기회도시 광주 사용법

위 '기울어진 운동장'이었습니다. 민주당 의원이 조금의 빈틈만 보여도 벌 떼처럼 달려들어 초토화를 해 버리고는 했습니다. 선배 의원은 이렇게 말하기도 했습니다.

"잘 생각하게. 다시는 출마를 못 할 수도 있네. 언론이 자네의 행동 하나, 말투 하나까지 지켜보다가 허점이 보이면 바로 물어뜯을 거야. 그리고 계속 곱씹을 거네."

"하겠습니다. 할 수 있습니다. 이 법이 정말 악법이라고 생각합니다. 출마 못 하면 다시 제자리로 돌아가겠습니다. 국민께서 그러라면 그러겠습니다. 하지만 지더라도 싸워 보고 져야지 싸우지도 않고 질 수는 없습니다."

발언대에 올라 필리버스터를 시작했습니다. 이 법이 얼마나 인권을 침해하고 개인의 자유를 훼손할 여지가 많은지 설명했습니다. 그리고 이러한 독소 조항 때문에 미국을 비롯한 많은 나라에서 '테러법'이 없어지고 있다는 사실도 알렸습니다. 해외의 많은 나라에서 이러한 법을 시행하고 있다는 박근혜 대통령의 말은 거짓이라는 것도 밝혔습니다. 대한민국은 새로운 테러 법률을 정하지 않더라도 이미 많은 관련 법률로 테러를 예방하고 있습니다. 그리고 유사시에 대응 조직의 구성도 규정되어 있고 수장은 국무총리로 되어 있습니다. 당시 황교안 총리는 이러한 사실도 모르고 있었습니다. 이미 무소불위의 권력을 휘두르고 있는 국정원을 왜 더 강력하게 만들려는 것인지, 그 의도가 의심스러웠습니다. 국민께 '이 법은 문제가 많다. 필리버스터로 저들을 막을 수는 없겠지만 국민께 진실은 알려야겠다. 잘 지켜

보시라.'라는 심정으로 진심을 다해 외쳤습니다.

2016년 6월 23월 오후 7시 5분부터 24일 오전 0시 30분까지 5시간 33분, 국회 본회의는 필리버스터 첫 번째 주자이던 제19대 더불어민주당 청년비례대표 김광진 의원의 시간이었습니다.

지금은 사라진 포털 사이트 실시간 검색어에 당시 '김광진 힘내라'가 1위로 올랐습니다. 평소 국민이 즐겨 보지 않던 '국회방송'이 그 새벽에 시청률 1위를 달렸습니다. 2016년 2월 23일 오후 7시 5분 더불어민주당 김광진 의원으로 시작한 '테러방지법 반대 필리버스터'는 2016년 3월 2일 오후 7시 32분 더불어민주당 이종걸 의원을 끝으로 대단원의 막을 내렸습니다. 38명의 국회의원이 9일간 총 192시간 27분 동안 발언했고, 이는 필리버스터 사상 세계 최장 기록이 되었습니다.

여담입니다만 많은 분께서 필리버스터를 하면서 화장실에 가고 싶지 않았냐고 물으시는데 전혀 가고 싶지 않았습니다. 발언하는 동안 물을 거의 마시지 않았고 수분 소비도 꽤 됐던 것 같습니다. 대신 발바닥이 참 아팠습니다. 혹시나 언론에 먹잇감을 줄까 싶어 짝다리를 짚거나 팔짱을 끼거나 법안과 상관없는 발언을 한 번도 하지 않았습니다. 덕분에 다음 주자들은 운동화를 신었습니다.

당시 모두 처음 해 보는 필리버스터라 두 번째 의원과 어떻게 교체해야 하나, 발언 마무리쯤에 고민했습니다. 틈이 보이면 국회의장이 발언을 중단시켜 버릴 수 있어서 눈치만 보고 있었는데 그냥 자연스럽게 인사하고 내려오니까 두 번째 주자로 문병호 의원이 기다리고 있어서 자리를 넘겨주었습니다.

돌이켜 생각해 보니 운이 좋았습니다. 우연히 혼자만 정보 위원회에 남게 되어서 '테러방지법'을 미리 볼 수 있었고 무사히 필리버스터를 할 수 있었습니다. 역풍이나 언론의 뭇매를 걱정했지만, 많은 국민께서 보내 주신 응원과 지지를 밑거름 삼아 긴 시간이 지난 지금까지 소신껏 정치를 하고 있습니다.

혹자는 필리버스터가 성공했고 승리했다고 합니다. 하지만 그렇게 생각하지 않습니다. 어쨌든 법은 통과됐고 국민께는 양 정당이 싸우는 모습만 보였습니다. 잘했다고 용기를 주시는 분도 있지만 꼴 보기 싫다고 비난하시는 분도 있습니다. 모두 대한민국의 국민입니다. 하지만 저는 다시 그때로 돌아가도 똑같은 선택을 할 것입니다. 그것이 주어진 소임이고 싸우는 정치이며 김광진의 길입니다. 언제나 국민의 편에서 싸우는 길을 택할 것입니다.

피부에 와닿는 정치, "수통부터 바꿉시다."

최근에 영화를 한 편 보았습니다. 미국 영화였는데 내용은 간단합니다. 해외 파병에서 안타깝게 사망한 사병의 시신을 군 간부 중 한 명이 자청하여 수습해 순직한 군인의 가족에게 인도하러 가는 여정이 영화 내용의 전부입니다. 이 영화를 보면서 내내 가슴이 먹먹하고 눈물이 났습니다. 해외에서 시신을 실은 관이 대륙을 횡단하여 가족의 품에 돌아가는 내내 얼마나 많은 국민이 나라를 위해 희생한 군인을 위하고 그에게 감사해하던지. 저도 감정이입이 되어 가슴이 아팠습니다. 자연스럽게 대한민국의 군인이 떠올랐습니다.

대한민국 국방부의 군 사망자에 대한 예우를 살펴보면 기가 막힙니다. 기본적으로 아무도 책임과 수습에 최선을 다하려는 모습을 보이지 않습니다. 피해가 돌아올까 봐, 혹은 문제가 되어 자신의 안위를 해칠까 봐 감추고 은폐하기 바쁩니다. 이제는 많은 국민이 이 사실을 알고 유심히 살펴보지만 그럼에도 불구하고 쉽게 실체를 알기는 어렵습니다.

2013년 경악스러운 사실을 하나 알게 되었습니다. 대한민국 육군이 복무 중 사망한 군 시신을 '군수참모부 물자과'에서 관리하고 있다는 것입니다. 젊은 날을 나라와 국민을 위해 몸 바쳐 복무하다 안타깝게 사망한 청년을 물자로 취급한 것입니다. 어떻게 사람의 죽음을 사물화할 수 있는지 도저히 이해되지 않았습니다. 바로 의무복무 중 사망한 군인의 명예 회복과 합당한 예우, 그리고 공정한 사인 규명을 위한 외부 조사 기구를 구성했고, 2013년 9월 관련 법률 3개를 사망 사고 유족과 함께 국회 사무처에 제출하였습니다. 그 후 대한민국 육군의 시신은 '인사과'에서 담당하고 있습니다. 이 당연한 일이 행해지는 데 42년이라는 시간이 걸렸습니다. 하지만 아직도 복무 중 사망한 군인에 대한 예우나 진실 규명, 시신 수습 등 풀지 못한 숙제가 산더미처럼 쌓여 있습니다.

이 일을 계기로 군 장병의 인권과 처우 개선에 많은 애를 썼습니다. 국방 위원으로서 당연히 수행해야 할 업무이지만 국방 예산과 관련한 커다란 사안들만 들여다보느라 소홀하던 일이었기에 많이 반성하였습니다.

2015년 국방부는 병영 생활관 내 TV를 통해 e스포츠 및 각종 게임 정보를 중계하는 채널들의 송출을 전면 금지합니다. 이 뜬금없는 조치에 '군 사고 예방'이라는 설명이 더욱 어이가 없습니다. 바로 성명을 발표했습니다.

폐쇄적인 병영 문화, 고충 처리 통로 부재 등 사고를 유발하는 군대의 구조적 문제는 외면하고 '게임'을 통제하겠다는 얼토당토않은 발상을 비판했습니다. 스타 프로게이머들의 입대를 우대하여 군 게임단까지 만들고 이미지 개선을 위해 노력했던 국방부가 갑자기 게임 채널을 막겠다고 나서다니 쓸쓸했습니다. 군대에 있어서 게임을 못하게 된 것도 억울한데 개인 정비 시간에 TV로도 못 보게 국가가 막

다니 이래서야 나라에 대한 충성심이 생길는지 동기 부여에 대해 걱정했습니다.

'군 사고 예방'에서 중요한 건 그런 게 아닙니다. 막고 차단하고 엄벌하는 것이 아니라 군인을 성인 남성으로 온전히 인정하고 혈기 왕성한 청년의 마음과 심정을 이해하려는 자세부터 필요합니다. 조사권도 없어 제보를 받아도 마땅히 조치를 취할 방법이 요원한 군 인권보호관의 권리부터 보장해 주고 일반 사병의 소통 창구도 안전하게 확보해 주고 부조리를 말하는 이에게 불이익을 줄 것이 아니라 보호와 치하로 용기를 주는 제도적 장치가 필요하다고 주장했습니다. 그리고 이러한 뜻을 관철하기 위해 대한민국 국방 위원으로서 할 수 있는 것을 하나씩 해 나갔습니다.

정치인에게 그 사람을 대변하는 키워드가 있다는 것은 행운입니다. 그만큼 시민의 뇌리에 강력하게 기억된 무엇인가가 있다는 뜻입니다. 김광진이라는 이름에 따라붙은 몇 가지의 키워드가 있습니다. 그리고 그것은 꽤 긍정적인 것들이기에 정치인으로서 김광진은 많은 국민의 뇌리에 기억된 인물이라 하겠습니다.

그중 하나가 바로 대한민국 군인의 '수통'입니다. 수통은 말 그대로 물통입니다. 성인 남성 손바닥만 한 크기에 플라스틱 혹은 알루미늄으로 만들어져 있고 군인 장병의 훈련 혹은 전시 상황 등에 쓰이도록 보급된 물품입니다. 이 수통이 어쩌다 김광진이라는 정치인의 대표적 키워드 중 하나가 되었는지 알기 위해서는 무려 10여 년 전으로 돌아가야 합니다.

국회의원으로 당선되고 처음 고민한 일은 국회상임위원회 중 어디를 선택할 것인가였습니다. 저는 많은 분이 아시다시피 국방 위원이었습니다. 사실 국방위는 소위 말하는 비인기 상임위입니다. 지역구에서 당선된 국회의원들의 입장에서 보자면 자신의 지역 민원을 해결해 줄 만한 상임위도 아니고 예산을 시원하게 줄 수 있는 곳도 아닙니다. 또한, 늘 정치자금이 필요한 국회의원들에게 국방 위원회는 후원금을 받을 수 있는 여건이 좋지 않은 상임위원회입니다. 거기다 전문적인 지식과 수많은 관련 법률도 숙지하고 있어야 하고 국방이라는 특성상 무슨 일을 해도 크게 티가 나지 않는, 소위 공적이 눈에 보이지 않는 상임위입니다.

당시 19대 국회에서 상임위를 정할 때 당연히 많이 고민했습니다. 1순위로 교문위에 가고 싶었고 2순위는 국방위였습니다. 장고를 거쳐 결국 국방위를 선택했습니다. 교문위는 다른 훌륭한 국회의원 동료들도 있었고 청년 국회의원 중에도 가고 싶어 하는 분이 계셨습니다. 그렇다면 인재가 넘치는 교문위보다 스스로 훨씬 잘할 수 있다는 자신감으로 국방위를 선택하는 것이 맞다고 생각했습니다. 그러나 완벽한 오판이었습니다.

국방 위원회에 가자마자 크게 당황했습니다. 잘못된 선택을 했다는 걱정이 앞섰습니다. 검토해야 할 자료가 너무 많고 해야 할 공부도 너무 많았기 때문입니다. 물론 어떤 상임위도 쉬운 곳이 없겠지만 국방위에서 다루는 영역은 일반인이 경험하기에는 너무나 어렵고 특수했으며 광범위했습니다. 평생 군인으로 살아온 군 간부들을 설득

하고 이해시키기 위해 나 자신이 얼마나 많이 공부하고 알아야 할지 앞이 정말 막막했습니다. 그렇지만 손 놓고 있을 수는 없었습니다.

가장 먼저 국방 관련 법률을 공부했습니다. 중요한 군 관련 법률 자료와 책들을 전부 찾아서 읽었습니다. 그리고 군과 국방에 대한 용어들을 숙지했습니다. 어려운 군 관련 전문 용어를 쉽게 이해하기 위해 《합동·연합작전 군사 용어 사전》을 펼쳐 두고 영어 단어 외우듯 하나하나 짚어 가며 외웠습니다. 정말 공부할 것이 끝이 없었습니다.

다음으로 무기 체계와 관련한 내용을 공부했습니다. 대한민국에는 정말 다양한 무기가 있었고 방어와 공격을 위해 사용하는 장비는 수천 가지가 넘었습니다. 이 모든 무기의 용도, 성능, 연식, 생김새, 크기 등 알고 있어야 할 것이 공부하면 할수록 쏟아져 나왔습니다. 육·해·공군의 생도들이 보는 교재와 학습서까지 구해서 공부했습니다. 덕분에 완벽하지는 않지만 이름을 들으면 대충 무기의 제원을 가늠하는 수준까지 도달했습니다.

누군가는 그렇게까지 할 필요가 있냐고 물을 수 있습니다. 당연히 필요합니다. 대한민국은 연간 약 50조 원의 예산을 국방비로 쓰고 있습니다. 무려 50조입니다. 평범한 국민은 벌 수도 없는 어마어마한 돈입니다. 이 돈은 대한민국 국민의 세금, 즉 혈세입니다. 매년 무기를 구입하고 수리하고 사용하는 데에만 수조 원씩 지출합니다. 그리고 이에 대한 최종 승인 권한을 가진 곳이 바로 국방위입니다. 그러니 제대로 된 지식도 없이 예산을 승인한다는 것은 절대 있어서는 안 될 일입니다.

돌이켜 보면 이렇게 상임위를 위해서 열심히 공부했는데 고작 임기 2년 만에 다른 상임위로 옮긴다고 생각하니 아깝기도 했습니다. 하지만 결국 이것이 중요한 바탕이 되어 제가 광주광역시 부시장으로 오고 나서 무등산 방공 포대 이전이라든지 군 공항 이전에 써먹었으니 사람 일은 어떻게 될지 모른다는 말이 새삼 떠오릅니다.

국방위의 막대한 예산 승인권과 대한민국의 영토 방위에 관계된 업무라는 막중한 책임감으로 임기 동안 최선을 다해 국방 위원으로서 맡은 바를 다하였습니다. 덕분에 군 장성들과 마찰도 간혹 있곤 했습니다. 그도 그럴 것이 군 입장에서는 내버려 두면 관행대로 알아서 잘할 텐데 일반 보병 출신의 새파랗게 젊은 국회의원이 사사건건 국방부 업무를 들여다보고 질문하고 설명을 요구하니 예뻐 보이지는 않았을 것입니다. 하지만 개의치 않고 계속 질문하고 이의를 제기했습니다. 그것을 위해 제가 그 자리에 있는 것이니까요.

국방부는 매년 새로운 무기를 사겠다고 합니다. 하지만 왜 새로운 무기를 사려고 하는지 제대로 설명하지 않습니다. 현재 보유하고 있는 무기를 대체하겠다는 것인지 혹은 보완하려는 것인지 목적을 알려 주지 않습니다. 그러니 이것이 정말 필요한 것인지 근본적인 의문을 가질 수밖에 없습니다. 열심히 공부한 국방 위원도 쉽게 수긍하지 못하는데 일반 국민께서 이해하기란 더욱 어렵습니다. 그렇기에 언제나 국방 관련 영역을 치열하게 들여다보고 따져 보고 질문해야 합니다.

통상적으로 국방위에는 군 장성 출신의 국회의원이 많습니다. 그러다 보니 같은 사안에 대해서도 일반 보병 출신의 관점과 판단이 전혀 다른 방향을 제시하는 경우도 있습니다. 때론 다른 시선이 군대의 개선을 요구하는 새로운 기준이 되기도 합니다.

장성 출신의 국회의원은 이미 오래전 일반 보병을 제대하고 간부로 군 생활을 수십 년 한 상황에서 현재 군인이 요구하는 사안을 쉽게 이해하지 못할 수 있습니다. 그러니 저라도 무기나 전투기를 사는 것과 같은 큰 국방 과제와는 별개로 일반 사병이 먹는 콩나물과 같은 피부에 와닿는 문제에 관심을 가져야겠다고 생각했습니다. 그래서 저는 장병의 의식주 문제와 군인 복지 문제에 주목했습니다. 군부대 안의 유료 세탁기를 무료 세탁기로 교체하는 문제, 장병이 부모님이

나 친구들과 통화할 때 쓰는 수신자 부담 요금의 적정성, 덮고 자는 모포의 비위생과 같은 장병의 병영 생활 문제를 개선하기 위해 노력했습니다. 또한 장병들의 제대 후까지 고민하며 군 전역자에게 퇴직금처럼 300만 원의 사회 정착 지원금을 지급하자는 법안을 발의했습니다.

국민이 내는 세금으로 만들어진 국방부의 예산에는 당연히 내 아들, 내 조카, 내 가족이 복무하는 동안 좋은 환경 속에서 생활했으면 하는 바람이 녹아 있습니다. 이 마음을 알기에 군 장병의 처우 개선 문제는 국방 위원의 첫 번째 사명입니다.

국방위서 좋은 점 중 하나가 국방부의 조직 문화입니다. 문제 제기한 것들은 효과적으로 설득만 하면 이를 수정하고 개선하는 것은 일사천리입니다. 지적한 사안에 대해 즉각적인 반응이 이루어질 때 국방 위원으로 일하는 보람을 느꼈습니다.

2013년 국방 위원으로서 군부대 시찰을 수행하던 중 한 부대가 식수로 산의 계곡물을 그대로 사용하는 것을 보았습니다. 하수 처리 시설을 거친 수돗물도 아니고 정수 시설을 거친 생수도 아니고 비위생적인 지표수를 그대로 식수와 생활용수로 쓰고 있는 상황에 충격을 받았습니다. 건장한 대한민국의 20대 청년들은 각자의 가정에서 너무나 소중하고 귀한 자녀입니다. 아마도 사회에서는 수도꼭지를 틀어 그 물을 마셔 본 적도 없을 텐데 나라를 지키라고 보낸 군대에서 끓인 물도 아닌 계곡물을 마시며 생활하다니, 이를 어떻게 '의무'라고 부르며 무조건 복무해야 한다고 강제할 수 있을지 마음이 아팠습니다. 당시 육군만을 기준으로 하더라도 수많은 부대가 이처럼 생활하고 있었습니다. 있을 수 없는 일이라 생각했습니다.

나는 국방부 현안 질의에 바로 이 문제를 따졌고 군부대 급수 시설(음용수) 개선을 위한 긴급 예산 반영을 강력히 주장했습니다. 국방부는 신속하게 움직였습니다. 급수에 대한 문제 제기가 온당하다고 판단하고 바로 예산을 편성하여 군부대 급수 시설을 개선하겠다고 약속하였습니다. 또한, 기존 시설 중에서도 문제가 있는 곳은 바로 보수하고 식품의약품안전처와 협력하여 군 급수원에 살균 소독 장치를 설치하는 지원 사업 역시 추진키로 하였습니다.

국회의원이 장병이 먹는 콩나물에 관심을 가지니 뭔가 바뀌고 개선되어 가는구나, 정치란 이런 것이지 싶어서 내심 기뻤습니다. 비록 비인기 상임위이지만 하나하나 바뀌어 가는 현안에 국방 위원으로서 기뻤습니다. 국방 위원으로 업무를 수행하면서 군 장병의 생활과 복무, 훈련 여건 개선 사항을 찾았습니다. 강한 국방력은 군 장병의 사기에서 나오는 것이고 지금 한번 닦아 놓은 길이 군이라는 조직의 특성상 오래 지속될 것을 알았습니다.

2013년 국방부 국정감사를 앞두고 군용 수통의 위생 상태 등을 점검합니다. 결과는 모두 알다시피 최악이었습니다. 어떻게 현재 대한민국 군인이 이러한 수통을 사용할 수 있는지 믿기지 않았습니다. 수통의 연식은 최하가 30년 정도였습니다. 1972년에 보급된 플라스틱 수통, 1977년에 보급된 알루미늄 수통, 6·25 전쟁 당시에 사용되던 수통까지 있었습니다.

그렇다면 이 수통들의 위생은 어떨지 궁금했습니다. 세균 검사 결과 식중독, 심내막염, 패혈증 등을 일으키는 세균이 다량 검출되었습니다. 수통은 법적으로 폐기 연한이 정해져 있지 않아 무기한 사용 중이었고 그동안 변변한 세척제도 보급된 적이 없었습니다. 전투기와 미사일을 사고 심지어 군 골프장을 짓는 데 수조 원의 예산을 쓰면서 겨우 8,700원, 만 원도 안 되는 이 수통 하나를 교체 안 해 주고 있다는 사실에 분노했습니다. 어떻게든 해결해야 했습니다.

2013년 말, 국회 예산결산 특별위원회 위원으로 선임된 후 바로 수통을 교체할 25억을 2014년 예산에 확보합니다. 그리고 마침내 대한민국 모든 군 장병의 썩은 수통을 새것으로 교체하는 데 성공하게 됩니다.

넷플릭스에서 인기리에 서비스된 《DP》라는 군 소재의 드라마가 있습니다. 그 드라마의 마지막 장면이 이렇습니다. 탈영병이 총을 들고 국군과 대치 중입니다. 탈영병 역시 대한민국 군인입니다. 군이 탈영병에게 말합니다.

"우리가 잘못한 거 다 바꿀게. 그러니 돌아와."

"거짓말하지 마. 6·25 때부터 쓰던 수통 하나도 못 바꾸는 군대야."

결말은 새드 엔딩(sad ending)이던 것으로 기억됩니다. 군인의 수통은 드라마에도 쓰일 만큼 변하지 않는 군대의 상징과도 같은 것이었습니다. 이걸 젊은 국회의원 한 명이 몽땅 새걸로 교체해 버리니 많은 국민께서 감사하게도 '일 잘한다.'라며 큰 응원을 보내 주셨습니다.

국회에 입성하고 이해할 수 없는 사안이 하나 있었습니다. 바로 국회의원은 예비군 훈련을 받지 않는 것입니다. 국방은 현역 군 장병만의 의무가 아닙니다. 국회의원도 대한민국 국민이고 국회의원의 대부분이 남성인데 국회의원이 되었다고 '국방의 의무'를 저버리는 것은 온당치 않은 것입니다. 그래서 관련 법을 개정하였고 스스로 먼저 예비군 훈련을 받아 솔선수범을 보였습니다. 지금은 국회의원도 당연히 예비군 훈련을 받아야 합니다.

국회에 있으면 여러 가지 중요 사안에 대해 '예산'이라는 변수를 고민합니다. 그러나 정책 결정에 예산은 사실 그리 큰 문제가 아닙니다. 수통 교체만 봐도 충분히 알 수 있습니다. 큰일은 커서 못하고 작은 일은 작아서 못 하는 평계의 정치가 아니라 작은 것이라도 피부에 와닿는, 가깝고 소소한 일상의 문제부터 해결하는 정치, 즐거운 변화를 이끌어 낼 수 있는 정치, 이것이 수통이라는 키워드가 꼬리표처럼 따라다니는 김광진이 하고 싶은 정치입니다.

트롤리의 딜레마

광주광역시 문화경제부시장이 되었을 때 많은 우려가 있었습니다. '김광진이 잘할 수 있을까? 너무 어린 거 아니야?' 하는 의심의 눈초리가 많았습니다. 사실 처음부터 제게 준비된 자리는 아니었습니다. 강기정 시장님이 선출되고 과연 부시장은 누가 합당할지 시장님과 함께 머리를 싸매고 고민했습니다. 처음에는 기재부 출신도 생각해 봤고 문체부 출신도 후보에 올랐습니다. 혹은 광주에서 오랫동안 생활하신 분을 모시는 방안도 논의했습니다. 여러 선택지가 있었지만 많은 분이 민선 8기에 바라는 것은 '조금 더 빠른 변화를 일으켰으면 좋겠다. 그리고 기존의 관행에 얽매이지 않는 그런 변화였으면 좋겠다. 어떤 거대 담론에 빠지는 이야기, 10년 후 20년 후의 이야기가 아니라 당장 내 삶을 바꿔 줄 수 있는 그런 사람이 지금 필요한 사람이다.'라는 데 의견이 모아졌고, 그런 사람이 '김광진'이라고 강기정 시장님께서 인정해 주셨습니다. 그래서 광주 시민을 위해 정말 열심히 일하겠다는 각오로 부시장직을 맡았습니다.

취임한 후 가장 먼저 청년 정치인이라는 대표성에 맞게 청년의 목소리를 들으러 다녔습니다. 세종특별시를 찾아 지역 청년·대학생과의 오찬 간담회를 시작으로 청년 농부 간담회, 청년 예술인 간담회, 여성 청년 창업가 간담회, 세종 청년 정책 네트워크 간담회, 세청나래

시설 방문, 세종시 청년 주간 기념식까지 간담회 내내 솔직하고 진솔한 대화를 나눴습니다.

첫 번째로 광주 청년이 아니고 세종시의 청년을 만난 것은 행정수도로서 어떤 정책이 시행되고 있고 실제 그 정책의 주체인 청년은 어떻게 받아들이고 있는가가 중요했기 때문입니다. 그것을 알아야 우리 지역에도 적용할 수 있다고 생각했습니다.

문화경제부시장의 역할을 수행한다는 것은 생각했던 것보다 훨씬 힘들었습니다. 공부해야 할 것도 많았고 소통해야 할 곳도 많았습니다. 그리고 당장 처리해야 하는 눈앞의 현안도 많았습니다. 이를 위해 강기정 시장님과 의기투합하여 사활을 걸고 국비 확보를 위해 총력전을 펼쳤습니다.

국회에서 예산 결산 위원회 간사를 비롯해 예산 관련 국회의원 등을 만나 '2024년도 광주광역시 주요 국비 사업'의 필요성을 설명하고 내년도 예산에 추가 반영될 수 있도록 말 그대로 발바닥에 땀나도록 뛰었습니다. 때론 긴밀하게 소통하고 때론 치열하게 토론했으며 그럼에도 불구하고 의견 조율이 되지 않을 때는 되바라지게 싸웠습니다. 정말 한 푼이라도 더 받기 위해서 최선을 다했습니다.

그 결과, 2024년 정부 예산안으로 3조 1,426억 원이 반영되었습니다. 아쉽게도 전년 대비 약간 감소한 금액입니다. 하지만 모두가 어려운 경제 위기 속에서 3년 연속 3조가 넘는 예산을 확보한 것은 나름의 성과입니다. 확보한 예산을 신규 사업과 지속 사업에 잘 배분하여 효율적으로 운용한다면 얼마든지 광주광역시의 위상이 한 단계 올라서는 결과를 만들어 낼 수 있습니다.

광주광역시 문화경제부시장이 광주광역시의 다급한 현안을 해결하는 데 아주 중요한 역할을 담당했다는 감사한 평가가 줄을 이었습니다. 하지만 모두 그렇게 생각하는 것은 아닙니다. 취임 1년이 되었을 때 1년 동안 열심히 뛰어온 시간을 '트롤리의 딜레마'에 빗대어 SNS에 남겼습니다.

트롤리의 딜레마는 영국의 철학자인 필리파 푸트(Philippa R. Foot)가 제시한 문제로 트롤리는 레일 위를 달리는 수레입니다. 이 트롤리가 레일 위를 그대로 달리면 레일 위에서 일하고 있는 5명의 노동자가 크게 다치거나 죽는 사고가 날 것이 확실한 상황입니다. 그런데 조정대를 당겨서 이 트롤리의 진행 방향을 바꿔 주면 5명의 노동자는 무사하고 대신 다른 레일에서 일하는 1명의 노동자만이 사고를 당합니다. 그렇다면 어떤 선택을 해야 하는가가 트롤리의 딜레마입니다.

대의를 따지자면 다수를 위한 소수의 희생을 강요할 수도 있습니다. 조정대를 당겨서 1명의 희생으로 상황을 마무리하는 것이 합리적으로 보이기도 합니다. 하지만 몇 명을 살리는 문제가 아니고 조정대를 잡은 나의 입장에서 생각하면 5명이 사고를 당하는 것은 정해진 수순입니다. 그러니까 모른 척하고 있으면 사고에 대한 비난의 화살이 나에게 돌아오는 일도 없습니다. 반대로 조정대를 당겨 1명이 사고가 난다면 그 책임은 조정대를 잡은 사람에게 돌아올 것입니다. 그렇다고 무사한 5명이 감사해하는 것도 아닙니다. 그들에게 사고는 일어나지 않은 일이니까 말입니다.

정책을 펼치는 일은 궁극적으로 예산을 효율적으로 쓰는 일입니다. 이를테면 관행대로 쓰이고 있던 50억이 있습니다. 이것이 아무리 봐도 의미가 없는 아까운 예산으로 보여서 10억으로 줄입니다. 40억을 아낀 것이지만 실제로는 10억을 쓴 것입니다. 아낀 40억을 다른 좋은 정책에 사용했다 하더라도 아무도 그 효율성을 알아주지 않습니다. 지출을 안 한 것은 아니니까 아꼈다는 사실도 일어나지 않은 일입니다. 대신 관행대로 50억을 받았을 누군가는 40억을 못 받았다며 조정대를 쥔 사람을 원망합니다.

예산을 조정할 때나 정책을 결정할 때 결국은 누구에게 예산을 배분하고 조율할 것인가를 결정해야 합니다. 예산은 한정되어 있기 때문에 끊임없이 효율성과 타당성을 따져 볼 필요가 있습니다. 예산을 재배분하면 가장 많이 부딪히는 상황이 있습니다. 객관적으로 보면 비효율적이고 비합리적인 예산 배분이지만 어쨌든 각자 10억씩을 나눠 받는 여러 집단이 있습니다. 그래서 이건 조정이 필요한 부분이라 예산을 재배분하면 득달같이 달려와 항의합니다. 언론은 이것을 그대로 받아 나쁘고 악독하며 노동자나 저소득 계층을 신경도 쓰지 않는 무자비한 관료로 만듭니다. 그들에게 정책의 방향성이나 효율성은 중요하지 않습니다. 자신들이 얼마를 받고 얼마를 못 받는지 자신들에게 이득을 챙겨 주는 쪽은 어느 쪽인지 그것만이 중요합니다.

'그냥 눈 감고 이전 권력자가 하던 대로 하면 아무에게도 욕먹지 않고 아무 비난도 받지 않습니다. 정치하는 사람이 선거도 나가야 하고 표 관리라는 것도 해야 하는데 대충 달라는 대로 줘 버리고 적을 만들지 마세요.'라는 말도 안 되는 조언도 많이 듣습니다. 갈등과 고민을 많이 했습니다. 하던 대로, 관행대로, 내 돈도 아닌데 전처럼 대충 예산 줘 버리고 비위 맞추면서 내 편으로 만드는 게 이득일지도 모릅니다. 그렇게 편법대로 할까 하는 생각을 수도 없이 했습니다. 하지만 도저히 그럴 수 없었습니다.

지금의 이 결정이 언제고 다시 돌이켜 봐도 스스로 당당하고 몇 번이든 같은 결정을 했을 거라고 떳떳하게 말할 수 없을 것 같았습니다. 그럴 수 없다면 무엇을 위해 하는 타협인지 이유를 찾을 수 없었습니다. '지금 당장은 욕먹고 비난을 받더라도 낭비되는 예산을 아껴 더 많은 시민에게 이로움이 돌아가게끔 쓰는 것이 맞는 거다. 여기저기 좀 시끄럽겠지만 그게 맞는 거다.'라고 생각을 굳혔습니다.

시장님께 솔직한 의지를 털어놨고 다행히 시장님의 동의로 광주광역시는 많은 부분의 예산을 재조정하게 되었습니다. 들여다보니 잘못된 부분이 많았습니다. 시장, 부시장이 바뀌기 전, 이해관계가 얽혀 있는 자들이 조직을 살리려고 만들어 놓은 사업도 있었고 의미 없는 일에 예산 지원을 약속한 부분도 있었습니다. 시장이 바뀌고 시(市)의 조직이 개편되면서 예산을 손보려고 하니까 너무 소란스러워질까봐, 눈 감고 그냥 진행시켜 버린 일도 보였습니다.

이런 것들을 강기정 시장님과 내가 엎으려고 하니 소통하지 않는 독단적 권력자들이라며 마찰과 비난이 많았고 심지어 시위도 있었습니다. 그러나 굽히지 않았습니다. 실질적으로 많은 시민께 혜택이 가는 방향의 정책이 옳은 길이라고 확신했습니다.

부시장으로 처음 왔을 때 특정 단체가 단체의 회관을 지어 주기로 전(前) 시장이 약속했다며 예산을 요구했습니다. 무조건 안 된다고는 하지 않았습니다. 누군가 약속했다면 그만한 이유가 있었을 테니 꼼꼼히 요구를 살폈습니다. 하지만 아무리 검토해도 실효성을 전혀 찾지 못했고 그래서 특정 단체를 위한 건물을 짓는 데 시 예산을 편성해 줄 수 없다고 싸웠습니다. 그러자 시청 앞에 천막을 치고 반노동(反勞動) 부시장이라며 농성하기 시작했습니다. 언론에 대고 비난과 비방을 몇 개월 동안 이어 갔습니다.

그렇게 200억을 지켰지만 대부분의 시민은 이를 잘 모릅니다. 물론 더 발전적인 곳에 쓰이겠지만 아무도 칭찬해 주는 이 없는 외로운 싸움이었습니다. 이득 본 이는 없고 손해 본 이만 있는 싸움이었습니다. 상대는 지어진 적 없는 건물을 빼앗겼다고 합니다. 부시장이 자기들 돈 200억을 빼앗아 갔다고 합니다. 진실은 그들에게 중요하지 않습니다. 돈을 못 받았다는 사실이 중요합니다.

정치인으로 살면서 한 번도 이런 싸움에서 물러나 본 적이 없습니다. 그래서 독단적, 독선적이라고 욕도 먹고 원리원칙주의자, 고지식한 놈이라는 이야기도 많이 들었습니다. 하지만 그렇게 싸움에서 물러난 적이 없기에 지금의 제가 있습니다. 그렇게 순간의 두려움과 난감함에 물러서지 않고 싸울 때는 뚝심 있게, 소신을 가지고 싸워 왔기에 국회의원 김광진, 문재인 정부 정무 비서관 김광진, 광주광역시 부시장 김광진이 있는 것입니다.

지역에서 정치하면서 좋은 관계를 유지해야 할 상대 중 하나가 바로 지역의 시민 단체입니다. 지역 내의 네트워크가 넓고 세력이 강한 만큼 영향력도 막강해 정치의 가장 큰 조력자가 될 수도 있고 반대로 가장 어려운 허들이 될 수도 있습니다. 그래서 좋은 게 좋은 거라고 웬만하면 말썽 안 나게 잘 정리해 주고, 선거를 도왔던 곳이라면 법에 저촉되지 않는 선에서 뒤를 밀어주는 경우도 왕왕 있습니다. 일종의 관행입니다. 선출직 공무원들은 다음 선거를 생각해야 하니까 표를 의식해 좋은 관계를 유지하려고 노력합니다. 하지만 지금의 광주광역시장과 부시장은 그런 부류의 정치인이 아닙니다.

광주광역시는 5·18 민주화 운동의 도시입니다. 그만큼 5·18 단체들과 연계한 사업과 정책도 많습니다. 취임 후 이것들을 재검토했습니다. 관행적으로 이루어지고 있는 것은 없는지 예산이 잘못 쓰이고 있는 것은 아닌지 알아보는 것은 부시장으로서 당연한 업무입니다. 그런데 5·18 교육관의 운영에 문제가 있었습니다.

5·18 교육관이 만들어지고 관련 단체들이 운영해 왔는데 이곳이 광주 시민에게 사랑받지 못하는 공간이 되어 버렸습니다. 그냥 단체의 사무실 겸 사랑방 정도로 운영되고 있었고 회계도 제대로 정리가 안 되어서 어떤 식으로 운영되고 있는지 확인이 어려웠습니다. 그래서 위탁을 철회하고 건물을 회수했습니다.

그러자 5·18 관련 단체가 현수막을 걸고 항의하기 시작했습니다. 이번에도 물러나지 않고 시민의 세금이 합당하게 쓰이고 있는지, 예산은 정당한지, 회계와 정산 체계는 바르게 잡혀 있는지, 검증받아야 하고 운영 근거와 자격을 갖추어야 한다고 싸웠습니다. 그래서 현재 이곳을 광주광역시가 운영하게 되었습니다.

또 절대 싸우지 말아야 할 상대가 바로 지역 언론입니다. 시민 단체에게 현수막과 천막이 있다면 언론은 펜과 카메라가 있고 입맛 좋게 상대를 요리할 수 있는 능력도 있으니 관계가 틀어지면 정말 곤란한 상대입니다. 광주광역시에서는 이런 관변 단체들과의 관계를 생각해서 많은 사안을 함께해 오고 있었고, 이를 전면 재검토해야 할 필요가 있다고 판단했습니다.

이를테면 언론사의 신춘문예나 문화 행사 같은 것에 광주광역시가 지속해서 예산을 일부 지원해 주고 있었습니다. 그런데 이건 말도 안 되는 얘깁니다. 광주광역시 관련 특집 기사를 쓰거나 시리즈 기사를 개발하거나 하는 식의 일에는 예산을 고려해 볼 수 있지만 언론사 행사에 세금을 쓰는 것은 광주 시민에게 온당하지 못하다고 생각했기에 이런 예산을 전액 삭감했습니다. 이러다 보니 언론사와 갈등이 있는 것으로 보였고 언론의 논조도 시에 우호적이지 않았습니다. 하지만 당연히 삭감이 필요한 일이고 해야 할 일입니다.

광주광역시에서는 노동 센터, 비정규직 센터, 청소년 노동 센터, 이렇게 3개의 노동 관련 센터를 민간 위탁으로 운영하고 있습니다. 세 기관이 모두 나름대로 맡은 역할을 잘해 왔는데 문제는 '노사 상생 일자리 재단'이라는 공공기관이 지난 시장 말기에 출범하면서 발생했습니다. 시(市)는 공공기관이 출범했으니 민간으로 운영하던 세 기관의 업무를 통폐합하고 이관할 것은 이관해서 정리하자는 입장인데 민간에서는 잘 운영하고 있고 관련 직원들도 업무하는데 일을 가져가면 자리를 정리하라는 뜻이냐며 반발이 있었습니다.

그들의 주장이 완전히 틀린 것은 아닙니다. 하지만 애초에 공공의 일을 민간에 위탁했던 것이고 이 업무를 맡아서 할 재단이 출범을 했으니 일을 넘기는 것이 당연합니다. 재단도 채용한 직원들이 일이 없는 상황입니다. 지난 시장이 퇴임하면서 재단을 만들어 버렸기 때문에 정리가 필요한 부분이고 모든 소통의 창구를 열어놓고 조율하고 있습니다.

이런 갈등이 알려지자 언론은 기다렸다는 듯이 일자리 뺏기냐면서 원색적인 기사를 보도했고 덕분에 불통, 독선의 이미지를 쌓고 있는 상황입니다. 하지만 다음 선거에 불리할 것이 두려워서 관행대로 그냥 넘어간다면, 너무나 중요하고 현재 꼭 필요한 광주광역시 노동 문제, 일자리 문제에 대한 정책들이 원활히 진행될 수 없습니다. 광주 시민들을 위해 주저하거나 두려워하지 않고 논쟁하고 토론하고 싸워 서 꼭 정상적인 시스템이 작동할 수 있도록 최선을 다하겠습니다.

광주광역시에는 '예향'이라는 이름에 걸맞게 8개의 예술 단체가 시 산하로 운영되고 있습니다. 오페라단, 합창단, 소년·소녀 합창단, 발레단, 극단, 창극단, 국악관현악단, 교향악단이 그것입니다. 이는 17 개 광역시·도 중 가장 많은 숫자입니다. '문화예술의 도시 광주'라는 브랜딩과 이미지 제고를 생각한다면 많다는 것이 특별히 문제가 되 지는 않습니다. 다만 이 단체들이 제대로 운영되고 있는지 살펴볼 필 요는 있습니다.

이 단체들의 단원들이 법적으로 공무원은 아닙니다. 하지만 시민 의 세금으로 급여를 받고 있으니 분명 공익적인 측면에서 공공의 서 비스를 제공해야 할 의무는 있습니다. 예술단원들이 개인적인 수익 활동을 위해 연간 약 600회 정도의 외부 활동을 합니다. 일종의 겸 직을 하는 것이고 그건 광주광역시 부시장이자 예술단의 총단장으 로서 동의할 수 없는 부분입니다. 솔직하게 이를 허가할 수 없다고 했 습니다. 그러자 단원들이 이의를 제기했습니다. 어떤 면에서는 그들의 상황이 이해가 되기도 합니다. 그들에게는 생계고 중요한 소득원이라 는 것도 압니다.

예술단원들에게 급여에 대한 논의는 얼마든지 할 수 있다고 했습 니다. 기존 주 25시간 근무하고 있는 계약 내용을 40시간으로 늘려서 정상 월급을 받는 방안과 같은 것을 조율하겠다는 것입니다. 광주광역시 예술단원으로서 권리 신장을 위한 협상은 얼마든지 열어 놓자고 했습니다. 하지만 외부 경제 활동은 인정할 수 없다는 뜻을 명확히 했습니다. 그래서 지금 예술가에 대한 침해로 소송이 진행 중입니다. 예술단원들이 총단장을 상대로 시위도 하고 기자회견도 하고 있습니다.

하지만 아닌 것은 아닙니다. 광주 시민이 낸 세금을 예술단에 쓰는 것은 '예향' 광주의 시민들이 양질의 예술 활동을 즐기고 문화를 향유하기 위해서입니다. 그런데 예술단원이 다른 경제 활동을 위해 본업을 소홀히 하여 발생하는 예술의 질 하향은 아무도 책임지려 하지 않습니다.

광주광역시의 예술단원들은 광주광역시로부터 급여를 받습니다. 그것은 단원들이 공공의 영역에 있다는 의미입니다. 관객이 반도 안 차는 공연을 시 예산을 써 가면서 월례 행사처럼 진행하고 남는 시간에는 본업에 대한 어떠한 고민도 없이 외부 활동을 하는 것은 시민에게 온당한 처사가 아닙니다. 안정적인 예술 활동을 위한 대화에 얼마든 응할 테니 단원 여러분도 시립예술단원으로서 본업에 충실해 주십시오. 광주 시민이 우리 시의 예술단을 자랑스러워하고 언제나 예술단의 공연을 찾을 수 있도록 함께 고민하고 노력해 주십시오. 이것이 광주광역시 문화경제부시장이자 광주광역시 예술단의 총단장으로서 드리는 부탁입니다.

정치하면서 싸우는 것을 두려워해 본 적은 없습니다. 오히려 반대입니다. 정치는 끊임없이 보다 나은 길을 찾기 위해 말로 싸우는 것입니다. 물리적 충돌과 불법의 영역만 행하지 않는다면 건설적인 방향으로 계속 정책을 개발하고 검토하고 치열하게 싸워 나가는 과정이 행정이고 정치라고 생각합니다. 비록 이로 인해 온갖 비난과 비방, 정치적 불이익을 받더라도 그것이 현재의 나와 미래의 나 그리고 광주광역시의 시민께 부끄럽지 않은 선택이라면 몇 번이고 기꺼이 같은 선택을 할 것입니다.

7장

돈 잘 벌어 오는
국회의원

N잡러와 한겨울의 뜨거운 눈물

국회의원은 매년 공직자 재산 신고라는 것을 합니다. 300명의 재산 신고자 중에 상위 5명은 제외하고 평균을 매깁니다. 상위 5명을 제외하는 이유는 기업인 출신의 경우 재산이 너무 많아서입니다. 그렇게 해 보면 대략 국회의원 재산이 평균 40억 정도 됩니다. 그런데 이것도 허수가 많습니다. 이를테면 재산에 가장 큰 몫이 집일 텐데 부동산의 경우 실거래가가 아니라 발표된 공시지가로 책정합니다. 거기다 융자는 마이너스가 됩니다. 그러니까 실제 10억 하는 집이 재산 신고에는 3~4억 정도가 되는 것입니다. 이렇게 줄여도 평균 40억 원입니다. 대한민국에서 지금 이 정도 재산을 소유한 국민이 얼마나 될까요?

최근 시정을 위해 회의를 진행한 적이 있습니다. 그때 정책실장께서 사업하다 실패한 사람들에게 재기의 기회를 제공하는 정책에 대해 설명하더군요. '실패해도 괜찮아. 언제든지 다시 도전할 수 있어.' 대충 그런 말이었는데 어딘지 알 수 없는 위화감이 들었습니다. 그래서 혹시 실장님께 신용등급 조회라는 거 해 보셨는지, 몇 등급인지 물었더니 해 본 적이 없다고 했습니다. 역시라고 생각했습니다. 실장님을 비난하는 것이 아닙니다. 다만 살면서 신용등급 조회를 해 볼 필요가 없는 삶을 살았던 사람이 신용불량자가 된 사람을 위한 정책을 만들려고 할 때는, 많이 공부하고 많이 알아보고 신중하게 접근해야 한다는 사실을 말해 주고 싶었습니다.

실제로 대한민국에서 사업하다 망하거나 직장을 다니다 해고당한 분들은 재기하기가 정말 어렵습니다. 그뿐 아니라 많은 창업 지원 사업이 있지만, 막상 하고 싶은 일이 있어서 사업해 보려면 나이 제한이 있어 지원 사업의 기회가 많이 줄어듭니다. 반대로 하고 싶은 일을 하다 망해서 취업하려고 하면 남겨진 빚과 나이 때문에 기업에서 기회를 주지 않습니다.

그러니 젊어 고생은 사서 한다거나 아프니까 청춘 같은 말은 전혀 그렇게 살아 본 적이 없는 사람들이 세상 물정 모르고 함부로 해 주는 조언이라고 생각합니다. 한번 신용-불량자가 되면 벗어나기 위해서 엄청난 노력이 필요합니다. 이런 경제 환경에서 한 번도 취업 전쟁을 안 겪어 보고, 창업을 해 보지도 망해 본 적도 없는 사람들이 관련 정책을 만듭니다. 그러니 카드론 대출을 받아서 알바생 월급 주는 동네 김밥천국 사장님의 고민을 이해하지 못하는 것입니다. 그런 사람들을 우린 우리의 생활과 삶을 바꿔 줄 대표로 뽑고 있습니다.

2012년 청년비례대표로 초선 의원이 됐을 때 신고한 재산은 −3,400만 원이었습니다. 당시 민주당에서 가장 가난한 의원이던 것으로 기억합니다. 그러니까 30대 초반에 빚더미에 앉아 신용등급 7등급으로 정치를 시작한 것입니다. 재산 신고를 하는 것이 부끄러웠습니다. 대한민국 국민께 낮은 신용등급과 부채가 까발려지는 것이 싫었습니다. 성실하고 부지런하게 살았고 타인에게 피해 준 적 없이 열심히 살았는데, 재산이 빚뿐이라는 사실이 국민께 그동안의 인생을 평가받는 기준이 될까 두려웠습니다.

순천대학교 조경학과를 포스코 엘리트 전액 장학금을 받고 다녔지만, 원해서 간 학과는 아니었기에 적응이 쉽지 않았습니다. 원래는 전남대학교 국문과를 가고자 했는데 뜻대로 되지 않은 것도 이유였습니다. 그래도 조경학과에서 나무와 식물을 보는 것은 좋았는데 설계 도면을 짜고 제도 같은 것을 하는 것은 너무 안 맞고 힘들었지요. 전액 장학생 혜택으로 전공 이수 학점에 여유가 있어 경영학과를 복수 전공 했지만 이마저 회계 같은 과목에서 숫자가 나오다 보니 힘들었습니다. 학교에 적응을 못 하고 있다가 인도에 1년 정도 유학을 다녀올 기회가 생겨 컴퓨터를 배우러 인도에 갔습니다. 하지만 성향이 문과여서인지 겨우 몇 개의 컴퓨터 자격증을 따는 정도로 대부분의 시간을 허송세월로 보냅니다.

졸업이 다가오자 무엇을 하면서 살아야 할까 고민했고, 뭐가 됐든 월급을 500만 원은 벌어야겠다고 생각했습니다. 왜 500만 원이었는지는 기억나지 않지만, 그 정도는 벌어야 살 만하다고 생각했던 것 같습니다. 그런데 제 성향이 한 가지 일에만 몰두하기보다 늘 새롭고 다양한 일을 찾아다녔습니다. 지루한 것보다 끊임없이 움직이는 것을 좋아했습니다. 그래서 50만 원 버는 일을 10개 정도 하자고 마음먹었습니다. 저 자신도 가능할까 싶었지만 실제로는 어렵지 않게 일을 해나갔습니다. 그렇게 요즘 흔히 말하는 'N잡러(여러 직업을 가진 사람)'의 삶을 시작했습니다.

신문에 칼럼을 연재하며 30~40만 원, 지자체에서 수당을 주는 여러 행사에 참여하며 50만 원, 온라인 쇼핑몰 사업에서 60~80만 원, 특허 관련 서류의 초안을 잡아 주는 일로 50만 원 정도를 벌었습니다. 주 직장으로 미국 LA에 전라남도 농산물을 수출하는 회사에서 근무하며 200만 원 정도를 받았습니다. 이런 일들을 20대 때부터 대학을 다니면서 틈틈이 했고 군대 전후에도 쉬지 않고 했습니다. 목표한 것처럼 월 500만 원씩을 벌었고 당시에는 꽤 많은 돈벌이였습니다. 번 돈을 착실히 모았습니다. 특별히 소비하는 습관이 없어서 기껏해야 친구들과 술 한잔하는 것이 지출의 전부였습니다.

돈이 되는 일이라면 불법 빼고 다 해 봤습니다. 그러면서도 순천 YMCA, 민족문제연구소 등 시민사회 활동도 무보수로 참여했습니다. 피곤했지만 젊어서였는지 즐겁고 행복했습니다. 그러다 학교의 창업 지원 프로그램에 선정되면서 본격적으로 사업을 시작합니다. 돈을 엄청 많이 벌겠다거나 사업을 크게 확장하겠다거나 이런 욕심은 없었습니다. 창업하게 된 것도 월 500만 원씩 버는 계획의 일환 정도였습니다. 그런데 이것이 점점 갈피를 잡을 수 없는 지경에 이르렀고 모아 둔 돈을 탈탈 털었지만 매달 6~7명 직원의 월급 챙겨 주기도 힘들었습니다. 처음으로 삶의 고달픔을 느꼈습니다.

눈이 펑펑 내리는 겨울, 길을 걷는데 괜스레 눈물이 쏟아졌습니다. 희망도 보이지 않았고 미래도 그려지지 않았습니다. 결혼을 안 해서 차라리 잘됐다고 생각했습니다. 지금 당장 신변에 문제가 생겨도 책임질 가족이 없다는 것이 다행이라면 다행이구나 하고 안도했습니다.

그렇게 눈물을 흘리며 걷는데 순천의 100년 된 '중앙교회' 앞에 다다랐습니다. 딱히 종교도 없는데 안으로 들어갔습니다. 신께 기도하기보다 마지막으로 원망을 토하고 싶었습니다.

'신은 없다. 당신은 없다. 만약 있다면 이럴 수 없다. 정말 열심히 살았고 벌받을 만한 죄를 지은 적도 없는데 죽기를 바라지 않고서야 어떻게 이렇게 힘들게 할 수 있는가? 지금 이 상황이 신이 존재하지 않다는 증거다.' 한참을 울분과 눈물로 토로하고 있는데 눈앞에 누군가 두고 간 성경이 보였습니다. 종교도 없고 성경을 본 적도 없지만 그냥 펼쳐 들었습니다.

그때 딱 눈에 들어온 구절이 "너는 나를 본 것으로 믿느냐? 나를 보지 않고도 믿는 이에게 복이 있다."였습니다. 무교고 무신론자였지만 다시 살아 보라는 의미인가 싶었습니다. '무슨 방법이 있을 거야. 나보다 더한 어려움에 처한 사람도 있겠지.' 꿇었던 무릎을 세우고 흘렸던 눈물을 닦고 교회를 나왔습니다. 어쩌면 그날 다른 구절을 펼쳤어도 자의적으로 긍정적 해석을 했을지 모르겠습니다. 벼랑 끝이라고 느꼈지만 아직 뛰어내릴 준비는 안 되었던 것 같습니다. 아주 작은 희망의 끈이라도 붙잡고 싶던 심정을 우연히 펼친 성경에서 찾았던 것인지도 모릅니다. 후에 알게 되었지만 그 성경 구절은 요한복음 20장 24절로 신의 존재를 의심하는 제자들에게 한 말이었습니다.

그로부터 10여 년의 시간이 흘렀고 이 시절의 경험은 국회의원, 청와대, 광주광역시 부시장을 거치는 동안 더욱 단단하고 깊게 영글어 마음을 꽉 채우고 있습니다. 언제나 정치적으로 흔들릴 때면 이날의

PART 2 기회도시 광주 사용법

초심을 떠올립니다. 어딘가에서, 그날 성당에 무릎 꿇고 세상을 원망했던 청년과 같은 어려움을 겪고 있을 누군가를 도와야 한다고 마음을 다잡습니다.

정치 활동을 하다 보면, 평생 먹고사는 문제에 대해 고민해 본 적 없고 삶의 위기라고는 입대 정도였던 이들이 허점투성이인 법률과 공감이 전혀 안 되는 서민 정책을 발의합니다. 그나마도 하지 않는 국회의원도 많습니다. 그런 국회의원을 욕만 할 게 아니라 뽑은 것을 자책해야 합니다.

정치는 서울대, 연대, 고대 같은 명문대 나와서 사시나 행시를 한 번에 통과한 천재, 수재들이 하면 국민 여러분의 삶을 절대 바꿔 주지 못합니다. 서로 완전히 다른 인생을 살아왔기 때문입니다. 20억짜리 집에 물리는 세금이 당장 다음 달에 내야 하는 월세보다 중요하고, 고속도로 하나 더 까는 것이 오늘 혹독한 추위를 버티기 위한 가스와 전기보다 중요한 그런 사람을 선거에서 뽑으면 어떤 결과가 벌어질지 너무나 뻔합니다.

저는 사업도 망해 보고 고금리 대출을 받아 카드깡을 해 보니 창업 지원 사업의 허점이 보였고, 사금융의 말도 안 되는 고리가 사람을 죽게 만들 수도 있다는 사실을 절실히 깨달았습니다. 결혼하고 서울에서 거주할 때 아내가 자꾸 택시를 빙 돌려서 집 앞까지 가는 것에 버럭 화를 낸 적이 있습니다. 기사님도 힘들고 택시비도 더 나오는데 그냥 큰길에서 내려서 걸으면 되지 않냐고. 다음 날 큰길에서 집으로 들어오는 골목길에 가로등도 CCTV도 없는 것을 발견했습니다. 저렴해서 구한 신혼집이 인적 없는 공장 뒤편이라 늦은 밤길에 아내가 얼마나 무서웠을지 그제야 알았습니다. 청와대를 나와 쉬는 동안 출근하는 아내를 대신해 집안일과 아이들의 등·하원을 맡았습니다. 전쟁 같은 아침을 매일 보내며 이걸 그동안 아내 혼자 해냈구나 하고 반성했습니다. 분리수거가 되는지 안 되는지 표시가 안 된 애매한 쓰레기가 어찌나 많은지 화가 났습니다.

광주광역시의 예산을 따기 위해 고군분투할 때 생생한 삶의 경험들이 떠올랐습니다. 그때를 떠올리며 어떻게든 예산을 더 따내기 위해 발에 물집이 잡히고, 입술이 부르터도 더 열심히 찾아다니고 목소리를 높였습니다. '이거 더 받으면 가로등 세울 수 있는데, 여기서 더 더 받으면 괜찮은 창업 지원 사업을 할 수 있는데, 조금 더더더 받으면 재기하려고 준비 중인 자영업자들 도와줄 수 있는데, 광주 시민을 위해 쓸 수 있는데……'라는 생각에 힘들어할 겨를도 없었습니다.

정치에 입문할 때 결심한 것이 있습니다. '정치는 직업이 아니다. 정치는 생활이다. 직업 정치인이 되지 않겠다. 피부에 와닿는, 생활에 다가갈 수 있는 정치를 펼치는 정치인이 되겠다.'라고 말입니다. 시 살림을 맡아보는 부시장이 되어서도 마찬가지입니다. 시민의 생활에 도움이 되는 정책, 와닿는 행정, 살림에 보탬이 되는 지원으로 삶을 풍요롭게 만들어 드리고 싶습니다. 끝까지 초심을 잃지 않고 정치하는 여러분의 정치인이 되겠습니다.

햇살론과 미소금융

선거 기간이 되면 서민 여러분의 생활을 아는 후보, 다수의 시민께 공감할 수 있는 후보를 뽑으라고 외칩니다. 하지만 실제로는 국회의원 300명 중에 의사, 검사, 변호사 자격증을 지닌 분이 상당수입니다. 또는 20대에 학생 운동하고 시민운동하다가 30대에 정치에 입문해 노동으로 돈 한번 벌어 본 적 없이 국회에 입성한 분도 많습니다.

그렇다고 이분들이 정치를 못할 것이라고 할 수는 없습니다. 하지만 대한민국 역사에서 스무 번이 넘는 국회의원 선거를 치렀는데, 소위 엘리트 길을 걸은 후보자나 직업 정치인으로 굳어진 후보자는 민생 정치를 성공적으로 완수해 내지 못한 경우가 확률적으로 많습니다. 서민의 생활은 서민이 아는 것이니까요.

앞서 잠깐 말씀드렸지만, 대학생 시절 월 500만 원씩 벌겠다는 목표를 세우고 돈을 벌었습니다. 소위 '지잡대' 다니는 대학생에게 그렇게 많은 월급을 주는 신의 직장이 있을 리 만무했습니다. 대신 여러 일을 하며 월 500만 원을 달성했습니다. 그 시기에 사회적으로 청년 창업과 청년 일자리 만들기에 관한 많은 지원 사업이 국비로 쏟아졌고, 순천대학교도 이와 관련한 창업교육센터를 운영하고 있었습니다. 그래서 저도 각종 창업 프로그램에서 지원받아 창업에 도전했고, 농림부에서 모집한 30억 규모의 지원 사업에 선정되어 더욱 사업 규모를 키웠습니다. 돌이켜 보면 준비도 되지 않은 상태에서 무리하게 진행하면서 파산을 자초하지 않았나 싶습니다.

선정된 사업은 농과대학이라는 전공을 앞세워 양조장과 녹차 가공 상품을 주력으로 한 사업이었습니다. 창업의 시작은 괜찮았습니다. 큰 사업비를 지원받아서 주머니도 두둑하고 자금이 있으니 직원 채용도 쉬웠습니다. 초기에는 장밋빛 미래를 그리며 의욕적으로 사업에 나섰고 '오픈발'로 매출도 제법 괜찮았습니다. 그런데 딱 거기까집니다. 거기까지는 창업의 영역이고 이 뒤부터는 사업의 영역입니다. 의욕이라든지 자신감만으로 해결되지 않는 시점이 옵니다. 지원금은 떨어지고 돈 들어갈 곳은 늘어납니다. 월급을 기다리는 직원들의 애처로운 모습이 부담스럽고 무서워집니다. 결국 N잡러로 모아 둔 돈도 다 쓰고 매일 카드로 돌려막기를 하다 은행 대출마저 막혔습니다. 할 수 없이 '러시앤캐시' 같은 대부업의 사채까지 쓸 지경이 됐습니다. 정말 빚이 눈덩이처럼 불어났습니다. 이 빚은 나중에 국회의원 월급으로 갚아 가게 됩니다.

따지고 보면 다른 누구의 잘못도 아닙니다. 창업하기 전에 신중했어야 하고 사업을 확장하기 전에 더 깊이 공부하고 많은 조언을 듣고 경험을 쌓아야 했습니다. 자신감과 재능만을 믿고 무모한 도전을 한 결과가 돌아왔다고 생각합니다. 지금 생각해 보면 자신감은 자만이었고 재능이라 믿던 것은 운이 아니었나 싶습니다. 어쨌든 그렇게 모든 것을 잃고 한순간에 빈털터리가 되었습니다. 어떻게 살아야 할지 막막했습니다. 세상이 버린 것 같은 기분에 나쁜 생각도 했습니다.

정치하면서 자신의 미래를 설계하는 많은 시민의 소리를 듣습니다. 거기에는 취업도 있고 창업도 있고 재도전도 있습니다. 그런 시민께 실패의 경험을 맛보게 해 주고 싶지 않습니다. 그것이 얼마나 절망과 좌절을 동반하고 사람의 자존감을 짓밟는지 너무나 잘 알기에 어떻게든 보호해 주고 지원해 줄 수 있는 정책과 행정을 해야겠다고 다짐했습니다. 허점투성이 정책과 공허한 행정도 손봐야 했습니다.

사업하라고 지원 사업을 만들면서 언제나 국세 완납, 지방세 완납 증명서 같은 증빙 서류를 요구합니다. 내실을 보겠다는 겁니다. 하지만 이는 실정을 하나도 모르는 것입니다. 사업을 하다 자금적으로 어려워지면 국세, 지방세를 가장 마지막에 내게 됩니다. 국세, 지방세는 돈 갚으라고 독촉을 하는 것도 아니고 설령 안 내더라도 당장 사업을 닫아야 하는 상황까지는 안 되기 때문입니다. 그러니 돈이 생기면 대출 이자나 직원 월급, 임대료 같은 직접비 위주로 쓰게 되고 간접비는 뒷전이 됩니다. 그러다 도전해 볼 만한 국비 지원 사업이 있어서 지원하려고 하면 미납한 국세, 지방세가 족쇄가 되어 도전하지 못하는 안타까운 상황이 생깁니다.

주변에도 이런 경우로 결국 부도 처리되어서 폐업하고 개인파산까지 신청하신 분이 많습니다. 그분들과 마주할 때마다 같은 처지였던 적도 있고 정치도 하고 있으니 제도 개선 좀 해 보라고 두 손을 잡는데 면목이 없어 연신 고개만 숙이고는 합니다. 여전히 국세, 지방세 완납을 증명하지 못하면 지원 사업에 서류 신청조차 못 하고 있으니까요. 어려운 소상공인과 자영업자를 돕겠다는 정책이나 지원인데

역설적이게도 신용등급도 좀 되고 안전하게 회수 가능한 업체에게만 돈을 주겠다는 논리가 아직도 바뀌지 않았기 때문입니다.

이런 지원 조건과 대상 선정은 해당 지원 사업의 취지와는 아주 동떨어진 것입니다. 물론 이 자금이 다 세금이기 때문에 돌려받는 것은 중요한 문제지만, 애초에 사업성을 평가받을 기회도 주지 않는다는 것은 너무 잔혹해 보입니다. 그래서 광주광역시에서는 신용이 높은 기업에만 해 주던 대출 이자 보전 사업을 저신용의 햇살론이나 미소금융 같은 회생형 대출을 받은 사업자에게도 해 주기로 했습니다. 어려운 사업체는 안 그래도 힘든데 이자를 더 내고, 신용도가 좋은 기업은 제1금융권에서 혜택받은 저이율의 대출 이자를 시(市)가 보전까지 해 주는 것은 온당치 못하다는 생각입니다.

광주광역시에서는 그뿐만 아니라 '채무힐링행복상담센터'를 운영하고 있습니다. 장기간 이어진 경기 침체와 과도한 채무로 고통받고 있는 실직자나 저소득자, 영세사업자 등 광주 시민을 대상으로 채무 조정과 서민 대출, 주거 복지 등을 상담해 주는 곳입니다. 시청 1층 민원실에 상담 창구를 만들었습니다. 이곳에서 언제든지 개인회생, 개인파산, 빚고을론, 햇살론, 골목상권 특례 보증 대출 등을 상담하고 관련 부서와 연결해 주는 업무를 하도록 했습니다. 또한 광주광역시 소재의 영세 사업자에게 시(市)가 직접 소상공인 지원 대출을 해 주는 '직접 대출'도 있습니다. 한편 시(市)가 보증을 서고 금융권이 대출해 주는 '간접 대출'의 경우, 이자는 낮추고 대출금을 상향할 수 있는 방향으로 예산 확보의 노력을 기울이고 있습니다.

여기에 그치지 않고 창업을 원하는 광주 시민을 위한 각종 창업 지원 자금을 확보해 두었습니다. 관련 부처와 긴밀히 공조하여 창업 단계별, 지원 대상별, 금액별, 분야별로 창업 자금을 지원합니다. 만약 창업했다가 실패라도 하면 그 책임을 떠안기 두려운 광주 시민께 도움을 드리도록 다양한 방안을 만들었습니다. 단순히 창업을 위한 자금만을 지원하는 것이 아니라 창업 사업이 잘 뿌리내릴 수 있도록 사업별 맞춤형 프로그램을 제공하고, 판로 개척, 홍보와 해외 시장 진출까지 아낌없이 지원을 제공할 수 있도록 창업 지원 정책을 마련하고 있습니다. 물론 한 번 실패하고 재기를 꿈꾸는 사업자를 위한 재도전 지원 정책도 많은 관심 속에 준비되어 있습니다.

이토록 창업과 사업, 재도전에 많은 기회를 제공하기 위해 애쓰는 것은 광주광역시의 정책 기조이기도 합니다. 2024년 예산을 확보하는 과정에서 광주광역시의 다양한 창업과 사업 생태계에 대한 긴밀한 대화를 시장님과 나누었습니다. 어떻게 해야 양질의 창업 기업이 생성되고 좋은 기업으로 뿌리내릴 것인지 머리를 맞대고 고민했습니다. 이것이 결국 광주광역시의 경제를 활성화하고 일자리를 창출하는 중요한 지점이기 때문에 확보한 예산을 여기에 우선 집행해야 한다는 생각에 동의했습니다.

30대의 어린 나이에 청년비례대표로 국회에 들어가 10여 년의 시간 동안 계속 정치해 왔던 김광진은 고생 한번 안 해 본 '소년등과'의 이미지를 가지고 있습니다. 하지만 사실은 그렇지 않습니다. 물론 고위 공무직만 10년을 해 온 지금의 상황에서 서민경제의 모든 어려움을 안다고 자신 있게 말할 수는 없습니다. 모두 이해한다고 거짓말할 수는 없습니다. 하지만 분명 극단적 선택을 떠올렸을 만큼 힘든 시절이 있었고 그때 외면하지 않은 주변 사람들의 도움으로 정치에 입문해 빚을 갚고 이제 그때와 같은 처지에 있을 시민을 위한 경제 정책을 계획합니다. 그리고 계획을 실현하기 위해 필요한 돈을 벌러 동분서주 뛰고 있습니다.

다른 누군가처럼 백억, 천억, 조를 약속하며 지킬 수 없는 허황된 약속을 남발할 수도 있습니다. 하지만 그것은 거짓말입니다. 인기를 위해 시민 여러분을 속이는 것입니다. 그런 건 아무나 할 수 있습니다. 그러나 그런 건 김광진의 정치가 아닙니다.

저 김광진은 세대의 구분 없이 청년과 중장년이 함께 창업하고 사업하고 성과를 공유하며 새로운 일자리 창출과 미래 먹거리를 위해 상생의 동행을 이어 가는 도시를 꿈꿉니다. 실패를 두려워하지 않고 현실에 안주하기보다 꿈을 선택할 수 있는 도시, 꿈을 펼치고 계획을 실천에 옮기는 것이 두렵지 않은 도시, 그런 시민의 도시가 될 수 있도록 광주광역시의 제도와 행정을 준비하고 정비하도록 하겠습니다.

한 번쯤 원하는, 그런 김광진

아는 만큼 보인다는 말이 있습니다. 그런데 국회의원이 되어 보니 정치인은 아는 것보다 더 많이 보아야 하고, 보이는 것에 대해 더 깊이 알아야 하는 자리라는 걸 깨달았습니다. 19대 더불어민주당의 청년비례대표 국회의원으로 국회에 입성하기 전까지 이렇게 큰 정치를 펼치는 자리에 가고 싶다는 생각을 해 본 적이 없습니다.

다만 순천YMCA 재정이사, 민족문제연구소 전남동부지부 사무국장, 순천청소년축제위원회 총무국장 등 시민사회 관련 활동을 주로 하면서 대학교와 대학원 시절을 보냈습니다. 이런 활동을 하며 따로 급여나 활동비를 받아 본 적도 없습니다. 요즘 말로 하면 '내돈내산'으로 자비를 들였습니다. 정치에 품은 뜻이 없었다면서 왜 시민사회 활동을 이득 보는 것도 없이 했냐고 의심의 눈초리로 보실지도 모르겠습니다.

하지만 당시에 저런 적극적인 사회 활동이 정치로 가는 길이라고 추호도 생각하지 않았습니다. 사회 참여라고 생각했습니다. 내가 사는 사회, 내가 살고 있는 순천, 내가 살아갈 대한민국이 조금이라도 나은 세상이 되기를 바라며 스스로 행동한 것이었지 정치인이 되기 위한 포석은 아니었습니다. 그리고 손해를 본 것은 아닙니다. 금전적인 이윤은 없었지만 세상을 알았고 사회의 부조리를 보았습니다. 그래서 《친일인명사전》을 시민사회의 도움으로 편찬해 낼 수 있었습니다.

그러다 인생의 큰 위기에서 일종의 도전이자 변화의 계기를 마련하기 위해 청년비례대표 선발에 지원했습니다. 아무도 될 거라고 생각하지 않았고, 저 자신도 '설마 되겠어?' 했지만 전국의 젊은 인재가 모인 흔치 않은 기회였습니다. 저마다 뛰어난 지성과 치열한 고민이 열띤 토론에서 타올랐고 다양한 생각과 젊은 열정에 제 심장도 뜨겁게 뛰었습니다. 시민사회 활동이 정치를 위한 노력은 아니었지만 그를 통해 배운 많은 것이 청년비례대표 후보 선발 과정에서 도움이 되었습니다. 내 주위의 사람과 내가 속한 사회에 따뜻한 애정과 깊은 관심을 두는 모습이 자연스레 경선에 참여한 청년들의 호감을 얻었던 것 같습니다. 덕분에 훌륭한 후보자들을 뒤로하고 당당히 1위로 선출되었고 19대 총선에서 국회의원이 되었습니다.

하지만 초선 의원의 길은 쉽지 않았습니다. 당내 기반도 없었고 정당 정치에 대해 잘 알지도 못했습니다. 지금 생각해 보면 패기와 결기로 의정 활동을 했던 것 같습니다. 막상 국회의원 배지를 달고 보니 국회의원으로서 어떤 일을 할 수 있을까 고민이 깊어졌습니다. 여의도에 입성하기 전에는 막연히 국회의원이 된다면 세상을 바꾸고 싶다는 원대한 꿈을 꾼 적도 있습니다. 하지만 현실의 벽에 부딪히자, 이상보다 현실에서 잘 알고 잘 만들어 낼 수 있는 것들을 해 나가기로 마음먹었습니다. '청년'이라는 대한민국의 오늘을 위해서.

그렇게 청년 국회의원으로 의정을 시작했고, 늘 청년 정치인으로

불리게 됐습니다. 청년 세대가 겪는 문제에 대해 공감하며 가장 잘 알고 함께 해결을 모색해 나가는 정치가 국민께서 청년 국회의원에게 바라는 정치라고 생각했으니까요. 청년이기 때문에 알 수 있고 만들어 낼 수 있는 청년 정치 말입니다. 이러한 정체성을 당시에 쓴 '김태일 위원장께 보내는 친전'에서 확인할 수 있습니다. 지금 보면 다소 거칠고 격앙된 어조이지만 청년을 위한 정치, 청년이 바라는 정치를 알아주십사 하는 마음의 소리였습니다.

그 후로 청년의 정치 참여를 위한 선거 제도 개선과 정당 국고 보조금 청년 비율 확대, 최저 임금 결정에 직접 영향을 받는 청년의 참여 보장 등을 위해 다양한 노력을 기울이고 법률 개정을 시도하였습니다. 다행히 이루어진 것도 있고 아쉽게 통과하지 못 한 것도 있습니다. 그렇다고 청년의 정치 참여에 관한 노력만 한 것은 아닙니다.

이 시대를 살아가는 청년들이 직접 체감하는 것들에 많은 관심을 기울였습니다. 국방위에서 해냈던 군 장병에 대한 처우 개선, 수통 교체 등도 20대의 중요한 시기를 군대에서 보내 본 청년이기에 공감하고 변화시킬 수 있었던 부분입니다. 또 청년의 문화예술 콘텐츠에 대한 갈증을 이해하기에 e스포츠에 관한 법률, 레진코믹스법, 만화·웹툰 작가 표준 계약서 제정법 등도 발의했습니다.

활화산같이 분출했던 초선 2년의 시간이 지나고 상임위를 교체할 시기가 되었을 때 국방위를 경험했으니 법사위로 가고 싶었습니다. 이런 제 요청을 다행히 당에서 받아 줘서 옮길 준비를 하고 있었는데, 뜻밖에 문재인 대표님의 전화를 받습니다. 본인이 국방위에서 하고 싶은 일이 있는데 함께 해 달라는 부탁이었습니다. 그렇게 2년을 더 국방위에 있게 됩니다.

청년비례대표로서 4년이 지나고 지역구 국회의원으로 출마할 시간이 도래했습니다. 당연히 저는 순천을 지역구로 선택했습니다. 순천은 제 인생의 모든 시간을 보낸 곳이고 뿌리이며 안식처니까요. 순천을 위해 전력을 다해 일할 준비가 되어 있었습니다. 하지만 경험, 경력, 세력 등이 많이 부족해 순천 지역 당내 경선에서 지고 맙니다. 괜찮았습니다. 좋은 경험이었고 불복할 이유가 전혀 없었습니다. 깨끗이 패배를 인정하고 상대 후보를 지지해 달라는 호소를 남기고 잠시 휴식기를 갖게 되었습니다.

휴화산이 되었다고 해서 활동이 멈춘 것은 아닙니다. 오히려 국회의원일 때보다 몸은 더 바빴습니다. 이런저런 많은 미디어에서 찾았습니다. 의정 활동을 하는 동안 국민의 뇌리에 남을 만한 순간들도 많았고 언변도 괜찮았던지 쉬는 동안에 방송 활동을 많이 했습니다. 보통 낙선을 하면 다음 선거까지 대중의 기억에 잊힐까 전전긍긍하는데 운이 좋았습니다. 국방위에서 일을 잘했는지 국방부에서 적폐 청산 위원과 정책 자문 위원으로 불러 주어 국회에 없었을 뿐이지 일을 놓은 적은 없었습니다.

이 시기에 시사저널이 선정한 '차세대 리더 100인', 국회 사무처가 선정한 '입법 및 정책 개발 최우수 의원', 머니투데이가 선정한 '제2회 대한민국 최우수 법률상' 등을 수상하며 짧은 기간 열심히 일한 것에 보상을 주셨습니다. 참 감사한 일입니다.

촛불혁명으로 정권이 바뀌고 문재인 정부가 들어섰을 때 참 많이 울었습니다. 감격스러웠고 감동스러웠습니다. 당연히 저도 밤마다 광화문 광장을 수놓는 촛불 중 하나였지만 정말 이루어지리라 생각하지 못했습니다. '국민이 언제나 옳은 것은 아니지만 결국에는 옳다.'라는 신념이 틀리지 않았음을 깨달았습니다.

그렇게 벅찬 감동으로 이 정부가 성공하기를 바라고 있었는데, 청와대에서 연락이 왔습니다. '국방 위원으로 함께 2년 동안 일하며 지켜봤다. 함께 일하자.'라며 문재인 정부의 정무 비서관 자리를 맡아 달라는 내용이었습니다. 흔쾌히 수락은 했지만 이내 비서관 중 서열 1위인 정무 비서관의 무게감을 느꼈습니다.

정무 비서관이라는 것이 어려운 자리입니다. 무슨 일은 하는지 정의 내리기가 쉽지 않습니다. 굳이 정리하자면 '일을 되게 하는 자리', '정무적으로 일을 성사시키는 자리' 정도겠지만 이 역시 부족한 설명입니다. 청와대의 입장과 의견을 국회와 각 부처에 전달하고 이것이 잘 추진될 수 있도록 만드는 역할이라 하지만 설득의 자리는 아닙니다. 청와대는 기본적으로 국정 운영의 기조가 있고 이것에 따라오게 만드는 자리입니다.

30대의 젊은 나이에 국회의원이 되어 임기를 마치고 정무 비서관이 되었습니다. 여전히 젊다 보니 세력이나 지지 기반이나 인맥이 턱없이 부족했습니다. 정무 비서관으로서 원만하게 대통령의 뜻을 전하고 국회와 부처가 따라오게 만들기 쉽지 않았습니다. 그래서 혹시나 있을 반발과 반대의 다양한 경우를 예상해서 많은 자료와 논리를 준비해 강공으로 돌파했습니다. 될 때까지 소통하고 기어이 만들어 냈습니다.

속된 말로 정무 비서관을 '교도소 담장을 걷는 사람'이라고 부릅니다. 그만큼 일이 되게 하기 위해 법망 안에서 모든 수단을 동원한다는 뜻입니다. 최장기 정무 비서관을 수행하면서 한 번도 고발을 당해 보지 않은 유일한 정무 비서관이었습니다. 정무 비서관을 수행하는 동안 21대 총선이 있었지만, 내실을 쌓아야겠다는 생각에 조용히 불출마 선언을 하고 청와대 일에만 집중했습니다. 여론조사 1위인 후보가 불출마를 선언하자 다들 놀라워하고 많이들 아쉬워하셨지요.

정무 비서관을 충실히 수행하고 대통령께 사의를 표명했습니다. 사표를 제출하고 처분을 기다리는데 반려당했습니다. 너무 뜻밖이라 어떻게 해야 하나 싶었습니다. 대통령께서 직접 불러 청년 비서관 자리를 제안하셨습니다. 고민이 많았습니다. 정무 활동을 계속하는 것이 맞는 것인지 판단을 내리기 어려웠습니다. 그때 대통령께서 정부의 정책에 진짜 청년의 목소리를 대변할 수 있는 사람이 필요하다고 하셨습니다. 청년에게 진짜 필요한 것이 무엇인지 가감 없이 제시해 달라고 하셨습니다.

국회의원 4년 동안 해 왔던 일이고 잘할 수 있는 일이고 바랐던 일이었기에 청년 비서관 자리를 수락했습니다. 대통령께서는 약속하신 대로 청년 비서관이 청년의 목소리를 듣는 데 지원을 아끼지 않으셨습니다. 독자적인 기구가 아니고 대통령의 참모이기에 외부 활동을 거의 하지 않는 비서관임에도 불구하고 전국 청년의 바람을 가까이

에서 직접 들을 수 있도록 청년 간담회를 열어 주셨습니다. 그뿐 아니라 지역 행사를 다니며 현장의 목소리를 들을 수 있도록 많은 배려해 주셨습니다.

그렇게 청년의 의견과 현안을 대통령께 전할 수 있었습니다. 문재인 정부의 정무 활동을 마감하면서 어떤 비서관이었는지 일은 잘했는지 처음 제안한 걸 후회하진 않으시는지 많은 걸 여쭤보고 싶지만 평가는 아주 나중에 들어 보려고 합니다.

청와대에서의 활동을 마치고 나왔을 때 같은 시기에 정무수석으로 계셨던 강기정 현(現) 광주광역시장께서 출마를 준비 중이셨고 도움을 요청했습니다. 시장으로 당선이 된 후에 광주광역시 문화경제부시장을 제안해 주셨습니다. 처음에는 고사했습니다. 자리를 바라고 도와드렸던 것도 아니고, 다른 좋은 분들이 후보에 올라 있었기 때문입니다. 그러다 국회와 청와대를 경험했으니 이번엔 지자체 업무를 수행하는 것도 큰 자산이 될 것이라 생각했고 제안을 감사히 받았습니다.

막상 부시장으로 업무를 시작하니 막막했습니다. 지자체의 행정 업무는 국회의 정치나 청와대의 국정과는 완전히 달랐습니다. 그러다 보니 서툴기도 하고 업무를 파악하고 공부하는 데 시간을 할애했습니다. 특히 광주광역시의 행정과 예산을 꼼꼼히 들여다보고, 비효율적이거나 비상식적인 부분은 삭감하고 재분배했습니다.

그러자 여기저기에서 잡음이 나왔고 갈등이 생겼습니다. 시장이 부시장을 잘못 뽑았다며 비방성 기사도 쏟아졌습니다. 부시장은 시장에게 불필요한 안건이나 갈등이 올라가기 전에 처리하는 자리이고 상대적으로 잘 보여서는 안 되는 자리입니다. 그런데 이런 분란이 자꾸 생기니 죄송했습니다. 하지만 시장께서 믿고 힘을 실어 주었습니다. 불합리한 관행과 눈치 보기식 예산 집행은 근절되어야 한다는 데 뜻을 모았고 광주광역시 주요 현안의 처리 과정에 행보를 함께했습니다.

광주광역시는 2024년 3조 원이 넘는 예산을 받아 왔습니다. 군 공항과 무등산 방공 포대 이전을 목전에 두고 있습니다. 대형 복합 쇼핑몰 입점도 가시화되고 있고, AI 기업 유치와 미래차 산업 선도, 위니아 사태를 해결하기 위한 노력도 하고 있습니다.

사람이 아는 것만큼 본다면 겨우 40대 초반에 시민사회, 국회, 청와대, 광주광역시청까지 다 겪으며 누구보다 잘 알고 누구보다 많이 본 사람이 여기 있습니다. 이런 다양한 경력의 정치인은 찾기 힘듭니다. 절대 자랑을 하는 것이 아닙니다. 그만큼 잘할 수 있다고 약속드리는 것입니다. 누구보다 많은 정치적 자산을 쌓고 있는 김광진의 정치를 믿고 응원해 주신다면 정말 좋은 결과와 부끄럽지 않은 행보로 보답하겠습니다.

부자는 더 부자로 살고, 가난한 사람은 더 가난하게 사는 것을 온당하지 않다고 제대로 싸울 줄 아는 그런 정치인, 사진 찍기용으로 시장에서 막걸리 마시고 쓰레기 줍는 정치인 말고 AI로 일손을 돕고 골치 아픈 문제도 척척 해결해 주는 그런 정치인, 어려움을 겪는 사람에게 왜 그런 데서 힘들게 사냐고 딴 세상 소리 하는 정치인이 아닌 자립할 수 있는 비용과 극복할 방법을 제시하는 그런 정치인, 누구나 한 번쯤 바라는 그런 정치인이 되겠습니다.

군 공항 이전의 열쇠

"산 위에 긴 바위가 가지처럼 뻗은 것이 수십 개나 공중에 배열되어 있어 훌륭한 홀 같고 산세가 지극히 존엄하여 온 도(道)를 위압한다."

조선 후기 실학자 이중환이 《택리지》에 무등산을 설명한 대목입니다. 아마도 주상절리를 표현한 것일 겁니다. 이처럼 무등산은 역사적으로 광주광역시의 자랑이며 민족의 명산입니다.

그런데 광주 시민의 안식처인 무등산을 정상 끝까지 오르지 못합니다. 바로 1966년에 설치된 무등산 방공 포대 때문입니다. 무등산은 총 1,186m로 알려져 있습니다. 하지만 그중 4~5m는 군부대 시설 때문에 민간이 밟을 수 없는 곳이었습니다. 적어도 광주광역시 문화경제부시장이 김광진으로 바뀌기 전까지는 그랬습니다.

광주광역시와 국립공원단은 최근 인왕봉을 상시 개방했습니다. 무등산은 천·지·인의 삼봉(三峯)이 정상부인데 지금까지는 한시적으로 개방해 오다가 이번에 공군 제1미사일방어여단과 협의하여 상시 개방으로 광주 시민의 품에 돌려드렸습니다.

"부시장님 덕분에 57년 만에 정상에 올라와 봐요. 감사합니다." 개방식 날 서석대에서 인왕봉 전망대까지 높이 3m, 길이 90m 남짓 되는 탐방로를 걸으며 나이 지긋하신 시민께서 인사를 건넸습니다. 정말 감개가 무량하고 마음이 뿌듯했습니다. 하지만 아직 멀었습니다. 탐방로를 오르며 아직도 천왕봉과 지왕봉을 가리고 있는 가림막 앞에서 반드시 무등산을 온전하게 광주 시민께 돌려드려야겠다는 의지를 다집니다.

사실 무등산의 방공 포대는 광주광역시를 수호하는 군사 시설이 아닙니다. 제1전투비행단을 지키는 부대입니다. 그러니까 군이 무등산에 위치할 필요가 없습니다. 그렇다고 쉽게 없앨 수 있는 시설은 아닙니다. 군사 시설을 옮기거나 없애는 것은 많은 법적인 절차가 있고, 시설 이전에 대한 심사숙고의 과정도 필요합니다.

광주광역시의 군 공항 이전을 추진하고 있는 시점이었기 때문에 이를 방어하는 기능의 무등산 방공 포대 이전을 논의하기에 최적기였습니다. 방공 포대 이전을 위해 같은 당의 송갑석 의원을 만나 도움을 요청했습니다. 송갑석 의원은 국방 위원으로 일하고 계셨기에 방공 포대 이전에 대한 다양한 자료와 논리를 함께 국방부에 건의했습니다.

처음부터 한 번에 되리라 생각하지는 않았습니다. 많은 시민이 이전을 바라고, 불편해한다고 해서 군사 시설을 옮기거나 없애는 등의 조치는 그동안 감히 생각하지도 못했으니까요. 이런 인식 자체가 진입 장벽을 높였습니다. 하지만 꼭 무등산 방공 포대의 이전을 성사시키고 싶었습니다. 이것은 광주광역시의 오랜 염원인 군 공항 이전과도 긴밀한 연관이 있는 사안이기 때문입니다.

그때 19대 국회에서 국방 위원으로 열심히 일했던 지난 시간이 보상으로 돌아왔습니다. 바로 공군의 무기 체계가 바뀐다는 소식을 알게 된 것입니다. 이때 도입되는 레이더는 군이 산 정상에 있을 필요가 없는 것이었습니다. 지상에 내려와도 작동에 아무런 문제가 없다는 것을 근거로 국방부에 이전을 강하게 주장했습니다. 또한, 산 정상에서 근무하는 소수의 병력을 위해 수시로 음식과 생활 물품을 보급해야 하는 자원의 낭비도 만만찮게 발생하고 있었습니다.

부시장이면 부시장이지 이제 국회의원도 아니면서 너무 나선다는 공군 인사의 원성이 들렸습니다. 곧바로 잠자는 사자의 코털을 건드리지 말라고 응수했습니다. 계속 이런 식이면 다음 총선에 꼭 국회에 복귀해 다시 국방위로 가서 국방부와 공군이 얼마나 일을 잘하고 있는지 꼼꼼히 따져 보겠다고 으름장을 놓으며 싸우는 정치의 면모를 보여 주었습니다.

무등산 방공 포대의 이전은 정치적 인기나 여론을 의식한 사안이 아닙니다. 광주광역시의 많은 시민께서 간절히 바라는 것이고 이전의 충분한 논리와 근거도 갖춰져 있었습니다. 오히려 반대쪽의 이유가 빈약했습니다. 얼마 지나지 않아 원성을 쏟아냈던 공군의 인사에게서 연락이 왔습니다. 필요한 MOU나 협약서가 무엇이냐며 적극적인 협조를 약속했습니다. 이후 방공 포대의 이전은 급물살을 탔습니다.

대승적인 차원에서의 사회적 합의는 끌어냈지만, 이런 군사 시설을 이전하는 것은 그때부터 모든 일의 시작입니다. 현실적으로 광주광역시의 군 공항이 이전 후보지로 거론되었으나 방공 포대, 탄약고 등 관련 시설을 군 공항에 집약하면 군 공항의 이전이 오히려 어려워질 거라는 의견이 많았습니다.

광주 3곳, 나주 1곳이 방공 포대 이전지로 거론됐지만 아직 적합한 곳을 찾지 못했습니다. 대략 민선 8기가 끝나는 2026년 착공을 목표로 시민 수용성을 확보했다는 전제하에 군 공항과 새로운 후보지를 물색하며 함께 고민하겠습니다.

광주광역시 지도를 펼쳐 놓고 광주공항의 활주로 연장선을 그어보면 광주를 가로로 이등분하게 됩니다. 그만큼 광주광역시 최고 노른자위 땅 한가운데를 공항이 차지하고 있습니다. 그리고 광주공항에는 아시다시피 군 공항이 함께 있습니다. 광주가 직할시일 때는 공항을 포함한 송정 일대가 광주가 아니었습니다. 아무런 시설이나 건물이 없는, 말 그대로 허허벌판이었고 그래서 이곳에 광주공항과 군공항을 함께 만드는 데 아무런 제약이 없었습니다.

그러나 1990년대 이후 광주가 급격히 발전하여 광주광역시가 되고 공항이 광산구로 편입되면서 꾸준히 군 공항 이전 요구가 이어졌습니다. 광주공항의 국제선을 무안국제공항이 가져가면서 광주공항의 규모가 축소되었고 이때 군 공항을 함께 옮기자는 요구가 있었으나 무안군의 반대로 실행되지 못했습니다. 수십 년의 세월이 흐르고 군 공항과 밀접한 지역에 주택 지구와 상무지구 등의 공간이 개발되면서 군 공항 이전은 이제 광주광역시의 주요 현안이 되었습니다.

광주의 군 공항은 대한민국 공군 최초의 전투비행단입니다. 그만큼 역사와 의미가 깊다고 할 수 있지만, 현재는 전투기가 운영되지 않고 공군의 훈련장 정도 역할을 하고 있습니다. 쉽게 말해 기초 군사 훈련을 하는 곳입니다. 애초에 이 연습 공항이 필요한 것인가에 대한 근본적인 의문이 있습니다. 군사적, 경제적, 안보적으로 존재 근거가 빈약하다고 생각하고 따라서 국회에 다시 들어간다면 군 공항 폐쇄를 강하게 주장할 생각입니다. 그전에 현실적으로 선택할 수 있는 방안은 적절한 곳으로 군 공항을 이전하는 것입니다. 군 공항이 이전되면 자연스럽게 방어 시스템인 무등산 방공 포대도 따라가게 될 것입니다.

군부대가 생기면 그 주위에 민간인이 들어와 살게 됩니다. 군부대가 모여 있는 지역은 그들로 경제가 돌아가기도 합니다. 그런데 군 시설이 있으면서 생기는 불가피한 문제들이 있습니다. 군 공항 주변의 대표적인 분쟁은 소음입니다. 광주광역시 군 공항도 지속해서 소음 문제가 제기되어 왔고, 이를 위한 보상이 이루어지고 있습니다. 그러나 이것은 대다수의 광주 시민께 온당치 못한 일입니다.

군 시설이 먼저 있고 주변에 어떤 문제가 발생하는지 아는데 그럼 애초에 허가를 안 줘야 맞습니다. 그런데 아파트 건설이나 주택 건설에 허가를 내줍니다. 건물도 높이가 제한되어 있는데 그 한계선까지 채워서 건물을 짓습니다. 그리고 민원이 들어오면 보상합니다. 광주광역시는 송정리와 상무지구 일대에 신청을 받아 월 3~6만 원까지 피해 보상금으로 연간 160억 정도를 지급하고 있습니다. 다 시민의 세금입니다.

게다가 광주광역시는 땅이 참 좁습니다. 전라남도와는 달라서 개발을 위한 용지가 많이 부족합니다. 그런데 시(市)의 250만 평을 공항

이 차지하고 있고, 그 주변은 고층 건물을 짓지도 못하는 상황이니 지자체와 민간 모두 손해가 이만저만이 아닙니다. 그래서 오래전부터 광주광역시의 군 공항 이전 문제는 모든 시민의 염원이 된 것입니다.

19대 국회에 있으면서 '군 공항 이전에 관한 특별법'을 통과시켰습니다. 하지만 이 법은 이래저래 허점이 많았고 보완이 필요하다는 의견이 많았습니다. 그래서 최근에 '광주 군 공항 이전 특별법'과 '대구 군 공항 이전 특별법'을 두 시(市)가 공조하여 투 트랙으로 통과시켰습니다. 드디어 군 공항 이전의 실효를 거둘 수 있겠다는 기대가 생겼습니다. 대구는 특별법이 통과되고 경상북도 군위군과 의성군을 묶어서 해당 지역에 군 공항 이전을 진행하고 있습니다.

하지만 기대를 모았던 광주광역시는 아직도 아무런 진행이 되지 않고 있습니다. 가장 중요한, 이전을 희망하는 지역이 없기 때문입니다. 전라도의 많은 지역과 소통을 했지만 성과가 없었습니다. 광주공항의 국제선을 가져갔던 무안군에게 무안국제공항이 국내선까지 가져가면서 군 공항도 가져가는 방안을 제안했습니다. 하지만 무안 지역민의 반대로 국내선만 달라는 주장을 하고 있어 협상에 난항을 겪고 있습니다. 최근에는 함평과 논의를 진행하고 있어 결과를 지켜봐야 하는 상황입니다.

군 공항 이전은 단순히 공항을 옮기는 것이 아닙니다. 이로 인한 엄청난 경제적 효과가 따릅니다. 당장 엄청난 숫자의 일자리가 창출되고 공항을 이용하기 위한 많은 인파가 몰리면서 경제적 부흥도 일어날 수 있습니다.

기존에 문제가 되었던 소음 부분은 공군과 협의체를 구성하여 훈련 시간, 훈련 횟수 등을 조정하는 방법이 있습니다. 또 현재 군 공항 부지가 250만 평 정도인데 500만 평까지 확보하여 완충 지역을 만들어서 해결하는 방안도 이전 계획에 포함되어 있습니다. 완충 지역에는 대규모 태양광 발전 단지, 스마트 팜, 친환경 축산 단지, 골프장 등을 조성하여 해당 지역에 그대로 수익으로 돌려드릴 방침입니다. 골프장 같은 경우는 현재 광주광역시 군 공항 옆에도 '체력단련장'이라는 이름으로 운영하고 있고 저렴한 비용에 시설을 이용할 수 있게 해서 시민과 공군이 모두 이득을 보는 구조가 되고 있습니다.

광주광역시는 이전 지역의 교통망 정비, 근린 시설 조성, 공용 주차장 등의 생활 기반 시설 확충을 지원할 것입니다. 그리고 관광 명소 개발, 전통시장 현대화, 대형 유통망 확충, 전지 훈련 시설 조성과 같은 지역 경제 활성화를 위한 시설과 항공 정비 사업, 항공기 부품, 항공 물류, 기내식 업체 등 공항 운영에 필요한 신규 사업의 신설을 적극적으로 지원할 준비도 돼 있습니다. 이 밖에도 광주광역시가 약 1조 원 규모의 지원 사업을 이전 지역에 시행할 예정입니다.

군 공항 시설 이전은 건설에만 6조 이상의 비용과 10년 이상의 기간이 소요될 것으로 보고 있습니다. 이러한 엄청난 규모의 국책 사업 유치는 지역의 산업을 키우고 경제의 규모가 커질 수 있는 계기를 부여할 것입니다. 전라도의 지자체들은 군 공항의 단점과 지역민들의 반대만 보지 말고 여러 가지 이득을 따져 볼 필요가 있습니다.

광주광역시 입장에서는 군 공항이 빠져나간 약 250만 평이 넘는 부지를 어떻게 활용할 것인지 장기 계획을 세워야 합니다. 군 시설에 막혀 낮게 지었던 건설 규제도 풀릴 것이고 소음 문제도 사라지면서 다양한 신규 시설들이 들어설 수 있습니다. 하지만 단순히 택지 개발이나 아파트 단지 조성 같은 것은 해서는 안 됩니다. 보다 먼 미래를 위한 먹거리를 고민해야 합니다.

광주광역시 한복판에 어쩌면 꿈에나 있을 법한 커다란 신도시를 만들어 낼 수 있을지도 모릅니다. 지역의 주력 사업인 미래 자동차와 AI를 바탕으로 한 친환경 주거 시설이나 인프라 체계를 최첨단으로 구성하여 모든 시스템이 전자화, 전산화되는 미래형 도시를 광주광역시가 제시할 수 있습니다.

예향·의향·미향의 삼향(三鄕)의 전통과 첨단 AI로 취향 저격의 행정 서비스가 공존하는 도시, 다가올 대한민국의 100년을 설계하고 미래를 고민할 수 있는 자격을 갖춘 도시, 그런 새로운 공간을 광주광역시 안에 만들어 내는 것이 광주 시민께서 제게 맡겨 주신 소임이라 생각합니다. 부시장의 임기가 끝나더라도 선출직의 자리로 돌아와 꼭 성공적으로 완수해 내겠다 약속드립니다.